子どものこころと行動を理解する

いまどきの思春期問題

平岩幹男
Hiraiwa Mikio

大修館書店

[はじめに]

隻手音聲
<small>せきしゅおんじょう</small>

　私の趣味の一つは歩くことで、旧東海道にも挑戦しています。

　日本橋から始めて少しずつ区切りながら歩き、現在は箱根の山も越えて静岡県に入りました。沼津宿を出てしばらく歩くと東海道線の原駅の手前に、江戸時代の白隠慧鶴（はくいんえかく）(1686–1769) の墓がある松蔭寺という小さな寺があります。わが国の禅は鎌倉時代に中国、当時の宋からもたらされた比較的新しい仏教の一派です。夢窓疎石（むそうそせき）、一休宗純（いっきゅうそうじゅん）をはじめとして多くの禅僧が知られていますが、白隠禅師もよく知られていると思います。白隠禅師の属した臨済宗では、修行僧が修行の一環としてまた悟りを開くために師から与えられるものとしての公案を重視しています。

　数多くの公案が知られていますが、有名なものの一つに隻手音聲があり、白隠禅師によって後世に語り継がれるまでになりました。すなわち両手を打てば誰にでも聞こえる音がしますが、片手（隻手）の場合はどうか、どのような音がするのか、これを「全身全霊を絞って考えてみよ」というのが公案です。

　もう 10 年以上前に中学校 2 年生の女の子と面接を続けていたことがあります。母親からの話では学校に行かない、友だちとうまくいかない、突然泣き出したり、夜眠れなかったり、家でもときどき暴れるといった症状があり、相談を希望されたとのことでした。母親に連れられて毎月、相談の場に来てはくれるものの面接では一言も話しません。相談の場では私が当たりさわりのない話をしてか

ら,彼女の持ってきたCDの音楽を20分ほど一緒に聞いていました。毎回CDは変わるものの相談の風景はそのままで,変わることはありません。会話は両手を打つようにお互いが話をして成り立つものですが,私が話をするばかりで,一方通行のようなものです。それが何か月も続くうちに私も少し焦ってきました。これでよいのだろうか,このままで何とかなるのだろうか,自分ではこれ以上何をしたらよいのだろうかと,いろいろと悩むようになりました。

しばらくすると,あいかわらず相談の場では会話がないままでしたが,何も話さなくても彼女が相談の場にあらわれてくれるだけでよいのではないかと感じるようになりました。いつもと変わらず,手馴れた感じでCDをバッグから取り出す彼女の手元を見ているうちに,この場所が多分,彼女にとっては嫌な場所ではなく,どのCDを持って行くかを考えてから出かけてくる場所になっているのではないかと感じるようになりました。私は,その時に「会話はなくともつながっていられるのだ」と,隻手の音を聴いたような気がしました。

相談の場は相互の会話だけではなく,気が落ち着く場所であればそれでよいのではないか,自分が問題を解決するのではなく,相談者が自分で解決して行くためのスペースを提供するだけでよいのではないかと思うようになりました。その後もその場の状況は変わらないままで1年以上続きました。彼女が高校に進学して,相談面接は終わりになりましたが,母親の話では,この頃には家での問題はほとんどなくなっていたということでした。

1年くらい過ぎた頃でしょうか,大きなスーパーで遠くを彼女が友だちと歩いているのを見かけました。彼女は私には気づきませんでしたが,はじけるような笑顔を浮かべていました。

思春期のさまざまな問題を抱えた子どもたちと接するようになってかなりの時間が流れました。相談の場を含めて彼ら, 彼女たちから教えられたことは数多くありますし, 私の対応も少しはわかりやすくなったかもしれません。しかし十分にできなかった経験も多々ありますし, 子どもたちの現実が一般的には十分に理解されていないという問題もあります。それらを含めて思春期の子どもたちについてまとめてみようと考えました。

いまどきの思春期問題――もくじ

はじめに――隻手音聲……………………………………………………………………ⅲ

【第1章】最近の思春期の子どもたち――
　　　　子どもたちは幸せに感じているか………………………………………1
　1. 思春期という時期……………………………………………………………………2
　　　［1］思春期とは― 2　　［2］かつての思春期と今の思春期― 3
　2. 今の思春期の子どもたち……………………………………………………………4
　　　［1］揺れる思春期― 4　　［2］今の子どもたちの生活は― 5

【第2章】思春期の子どもたちとの相談………………………………………………11
　1. 思春期相談がなぜ必要か……………………………………………………………12
　　　［1］思春期に問題を抱えやすい理由― 12　　［2］思春期相談の場だけで解決するわけではない― 12　　［3］思春期は取り残された領域― 14
　2. 思春期相談を始めてみた……………………………………………………………16
　　　［1］思春期の子どもたちのための相談室― 16　　［2］思春期相談のポイント― 18

【第3章】不登校, ひきこもりをめぐって……………………………………………23
　1. 不登校を見過ごしてはならない……………………………………………………24
　　　［1］不登校とは― 24　　［2］不登校のその後― 26　　［3］不登校にかかわる社会資源― 27　　［4］不登校の裏側に隠れている病気― 29　　［5］不登校にいたる経過― 30
　2. 不登校への対応のポイント…………………………………………………………33
　　　［1］なぜ対応する必要があるか― 33　　［2］学校では― 34　　［3］家庭では― 35
　　　［4］医療機関, 相談機関では― 36
　3. 思春期のひきこもりもある…………………………………………………………38
　　　［1］ひきこもりとは― 38　　［2］ひきこもりと区別すべき精神的な病気― 39
　　　［3］ひきこもりの攻撃性― 41
　4. ひきこもりへの対応のポイント……………………………………………………42
　　　［1］家族への対応― 42　　［2］本人への対応― 43　　［3］ひきこもりから脱出させるには― 44　　［4］ひきこもりのその後― 45

【第4章】抑うつ状態, 不定愁訴は思春期にも多い…………………………………47
　1. 抑うつ状態の思春期の子は多い……………………………………………………48
　　　［1］抑うつ状態とうつ病― 48　　［2］うつ病の子どもは外来では少ない― 50
　　　［3］青少年保健行動調査の中での抑うつ状態の調査― 52
　2. 抑うつ状態, うつ病への対応のポイント…………………………………………58

［1］相談の場では— 58　　［2］抑うつ状態はいろいろな病気でもみられる— 59
　　　［3］思春期のうつ病の治療— 59
　3. 不定愁訴も多い………………………………………………………………61
　　　［1］不定愁訴とは— 61　　［2］不定愁訴を訴える子どもたちは— 61　　［3］不定愁訴を訴える子どもたちへの対応— 62

【第5章】太っていないのに太っていると感じる——摂食障害………65
　1. 摂食障害は特別な病気ではない……………………………………………66
　　　［1］神経性食欲不振症とは— 66
　　　［2］子どもたちは，太っていると感じている— 67
　2. 摂食障害への対応のポイント………………………………………………71
　　　［1］早期発見・早期介入のために— 71　　［2］相談の場で気をつけること— 72
　　　［3］全身状況の確認が不可欠— 73　　［4］相談はいつまで続けるか— 75
　●神経性食欲不振症から復帰した美優さんの話……………………………76

【第6章】リストカットがやめられない……………………………………85
　1. リストカットのいま…………………………………………………………86
　　　［1］リストカットとは— 86　　［2］情報の氾濫とアクセス— 87　　［3］リストカットの相談の状況— 88
　2. リストカットの裏にあるもの………………………………………………91
　　　［1］境界型人格障害の問題— 91　　［2］リストカットをする子どもたちの親子関係— 92
　3. 具体的な対応のポイント……………………………………………………94
　　　［1］相談の場では— 94　　［2］面接の経過— 95　　［3］リストカットをやめれば解決ではない— 96

【第7章】思春期の自殺，死にたくなる……………………………………97
　1. 思春期の自殺は少なくない…………………………………………………98
　　　［1］自殺をめぐる状況— 98　　［2］相談の場で必要なこと— 99　　［3］死にたいという訴えの背景にあるもの— 103
　2. 自殺が起きてしまったとき……………………………………………… 106
　　　［1］関係者に話すこと— 106　　［2］学校での対応の重要さ— 106
　●ご家族からのメール……………………………………………………… 108

【第8章】性交渉，妊娠も珍しくはない………………………………… 111
　1. 社会の抱えている性の問題……………………………………………… 112
　　　［1］社会全体としての考え方が必要— 112　　［2］性の問題にはいろいろな対応や側面がある— 113

[3] 思春期の性の現状— 115　[4] 出会い系サイトの問題— 117
　2. 重要な性教育……………………………………………………………………119
        [1] 正確な知識を身につけさせる— 119　[2] しない勇気, 断る勇気— 121
　3. 若年妊娠に関する相談…………………………………………………………124

【第9章】いじめはなかなかなくならない……………………………127
　1. いじめをめぐる状況……………………………………………………………128
        [1] いじめとは— 128　[2] いじめは隠れている— 129　[3] いじめの調査から— 131
　2. いじめへの対応…………………………………………………………………135
        [1] いじめの起こる背景— 135　[2] 学校での対応— 136　[3] 家庭での対応— 139　[4] 相談を受ける中で— 141

【第10章】眠らない子どもたち, 眠れない子どもたち………………143
　1. 眠りは生活の基本………………………………………………………………144
        [1] 眠るということ— 144　[2] 子どもたちの現状— 147
　2. 睡眠と健康………………………………………………………………………152
        [1] 睡眠に関連する病気— 152　[2] 満足できる眠りのために— 153

【第11章】喫煙, 飲酒, 薬物乱用などの問題行動……………………157
　1. 喫煙, 飲酒………………………………………………………………………158
        [1] 子どもたちと喫煙, 飲酒の実際— 158　[2] 未成年の喫煙をめぐる問題— 160　[3] 未成年の飲酒をめぐる問題— 163
　2. 薬物乱用…………………………………………………………………………165
　3. 非行………………………………………………………………………………168

【第12章】発達障害をめぐって…………………………………………173
　1. 発達障害とは……………………………………………………………………174
        [1] 表に出てこない障害— 174　[2] 精神遅滞をともなわない発達障害— 175
        [3] 発達障害の問題点— 176　[4] 思春期にどのくらい診断されているか— 178
        [5] 発達障害の最終目標— 179
　2. 発達障害が抱えるさまざまな問題……………………………………………181
        [1] ADHD — 181　[2] 高機能自閉症— 184　[3] 学習障害— 187　[4] 不登校の問題— 188　[5] いじめをめぐる問題— 189　[6] 性の問題— 191　[7] 才能を見つけよう— 192

【第13章】一陽来復………………………………………………………193
おわりに　………………………………………………………………………………198

第1章

最近の思春期の子どもたち…

子どもたちは幸せに感じているか

1. 思春期という時期

［1］思春期とは

　わが国では，英語での puberty と adolescence の双方がしばしば思春期と訳されています。puberty は pubic hair（陰毛）を語源とし，adolescence はギリシア神話の美少年 Adonis を語源としています。puberty の場合には年齢としては 10 歳から 15 歳頃を中心としていることが多く，adolescence の場合は青年期を含めて 20 歳頃までと幅があることが多いようです。

　では，思春期とは，どんな時期なのでしょうか。

　日本産科婦人科学会の定義によれば，思春期とは，女子では「性機能の発現開始，すなわち，乳房発育ならびに陰毛発生などの第二次性徴の出現に始まり，初経を経て第二次性徴が完成し，月経周期がほぼ順調になるまでの期間」とされており，その期間はおおむね 8 ～ 9 歳頃から 17 ～ 18 歳頃までになります。これに準ずれば，男子では「性機能の発現開始，すなわち陰茎増大や陰毛発生などの第二次性徴の出現に始まり，精通を経て第二次性徴が完成するまでの期間」となるわけです。

　また，WHO（世界保健機関）の定義によれば，「第二次性徴の出現（乳房発育・声変わりなど）から性成熟（性機能が成熟する 18 ～ 20 歳頃）までの段階，子どもから大人に向かって発達する心理的なプロセス，自己認識パターンの段階確立，社会経済上の相対的な依存状態から完全自立までの過渡期」として区分しています。

わが国では，日本産科婦人科学会の定義にみられるように，思春期は身体的な発育を中心として考えられてきました。そのため，実際には体の問題だけではなく，こころや行動についてのいろいろな問題が存在しているのにもかかわらず，あまり議論されることはありませんでした。

［2］かつての思春期と今の思春期

　第二次世界大戦前までは，高等教育に進む一部の人たちは別として，15～17歳といえばすでに社会に出ている年齢でした。思春期の終わりは社会的にも経済的にも，そして精神的心理的にも自立を意味していました。戦後，高等教育が一般化したこともあり，15～17歳という年齢で社会に出て行く割合は低くなってきました。つまり，身体的にはほぼ成人への移行が完成していても，社会的，経済的には自立をしていない場合が多くなってきたのです。

　このことからも，精神面，心理面，行動面でも「期待される」発達とは異なる未熟性が存在することは容易に推測できます。戦後の70年間で，思春期における精神的心理学的な面の脱思春期＝成人化は進みませんでした。

　そのために，頭の中では大人として振る舞いたい，でも実際の行動は責任ある大人の行動には追いつかないという状況もしばしばみられています。この状況は，pubertyだけではなく，青年期にも，また大人になっても一部ではみられているかもしれません。

　本書では，小学校高学年から中学生を中心に対象としてまとめました。したがって，どちらかといえば前述のpubertyの時期に相当する思春期のさまざまを描いていることになります。

2. 今の思春期の子どもたち

［1］揺れる思春期

　私は，こころや行動の問題を抱えて相談に訪れた保護者に対して，思春期にある子どもの状態を，たとえとして「3分の2は大人かもしれないが，3分の1はまだ子どもである」と話しています。思春期には，それまでの成長発達の流れの中に，幼児期あるいはそれ以前に逆行するような心理的な部分が見受けられ，それが不登校や摂食障害，リストカットなどの行動上の問題としてあらわれてくる場合が少なくありません。

　思春期にみられる幼児性については，主として心理学の面から多くの研究がおこなわれています。たとえば少年犯罪にしばしばみられるような，びっくりするほど周到な計画を立てているのに，実行手段があまりに幼稚だったり，いじめにみられるような，動機は単純なのにその質は異常なまでに執拗だったりという側面などは，精神障害としてとらえるよりは思春期の心理的な特性の一つとしてとらえたほうが理解しやすいと思います。思春期の子どもたちと話をしていて感じることは，彼ら彼女らの「子ども扱いをされる」ことに対する反発は想像以上に強いようだということです。彼ら彼女らの行動を見ていると，無意識のうちに思春期特有の自分の中の幼児性に対して反発してしまっている場合がある気がします。

　言うまでもないことですが，初潮や精通の年齢に数年間のばらつきがあるように，精神的な発達や心理的な発達にも大きな個人差がみら

れます。また，些細な原因でセルフ・エスティーム（self-esteem：自己への評価，自尊心などと訳されますが，本書では自己への評価が適当かと考えています）が低くなりやすいことと，その揺れがみられることも思春期の特徴です。

［2］今の子どもたちの生活は

　思春期の子どもたちの問題を考える上で，子どもたちが実際にどのような状況にあるかを知っておかねばなりません。

　私は首都圏のある市で，小学校5年生から中学校3年生までを対象として市内のすべての小中学校に参加してもらい，1994年から数回にわたってアンケート式の青少年保健行動調査をおこないました。本書で使用する主なデータは，この調査によるものがほとんどです。もっとも新しい調査は2004年に実施したもので，4,000人あまりから無記名で回答を得ました。調査は学校で実施したので，当日登校していた全員（在籍数の92%）が回答しています。

　この調査では，子どもたちの日常生活や精神保健に至るまでのさまざまな質問項目を設定しました。1994年当初は，WHO（世界保健機関）のHBSC（health behavior of school-age children）調査に準じておこない，その後は設問を一部変えつつ継続しました。無記名での調査となると無責任な回答が出てくることも予想されたので，信頼性を確認するために，同じことを意味しながら質問形式の違う設問を用意して，アンケートの異なる場所に配置しました。その回答の一致率を検討したところ，95%以上の一致率でしたので，無記名であっても信頼できる調査だと考えています。

　では，まず，この調査の結果を見てみましょう。まず，自分のことを幸せだと思っている子どもたちは，どのくらいいるのでしょうか。

図 1-1 「現在の自分は幸せだと思いますか」に対する回答

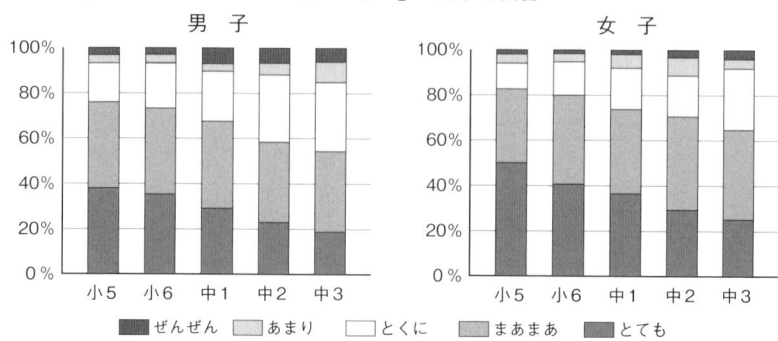

　図 1-1 に示したように,「自分はとても幸せである」と答えた児童・生徒は男女とも年齢とともに減少し, 逆に「幸せでない」という回答が増加しています。「幸せでない (ぜんぜん＋あまり幸せではない)」という回答は男子のほうがやや多く, 中学校 3 年生では男子 14％, 女子 8％, 小学校 5 年生では男子 7％, 女子 5％でした。「幸せでない」と回答した子どもたちは, 何か特別な日常生活や行動上の問題を抱えているわけではありません。にもかかわらず, 学校で普通におこなった調査で, これだけの子どもたちが幸せではないと感じているのです。「幸せでない」と回答した子どもたちは, 抑うつ状態の悪化や不定愁訴 (頭痛, 腹痛など。第 4 章参照。) との関連や睡眠の問題 (就寝時刻が遅くなる, 不眠を訴えるなど。第 10 章参照。) などとの関連も認められました。

　次に「ひとりぼっちだと感じることがありますか」という質問に対する結果を見てみましょう。この質問は, 前述した幸福感とも関係のある質問です。

　ひとりぼっちだと感じる割合は, 年齢による違いはそれほどないようです。男子では全体で約 22％, 女子では約 29％が,「ひとりぼっちだと感じる (「いつも＋ときどき」)」と答えています (図 1-2)。また「ひとりぼっちだと感じる」子どもたちは, 抑うつ状態, 不定愁訴 (第 4 章参照)

図1-2 「ひとりぼっちだと感じることがありますか」に対する回答

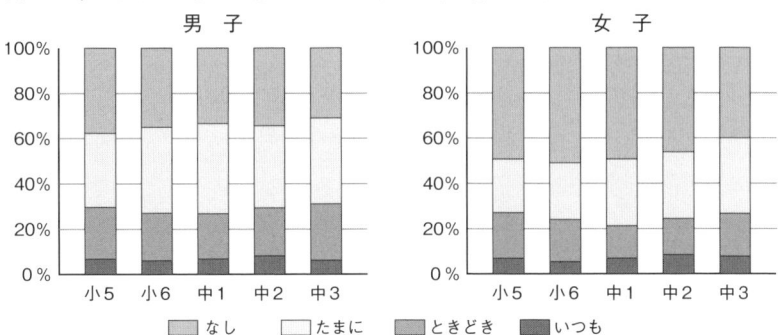

図1-3 「朝，登校するときにすでに疲れを感じますか」に対する回答

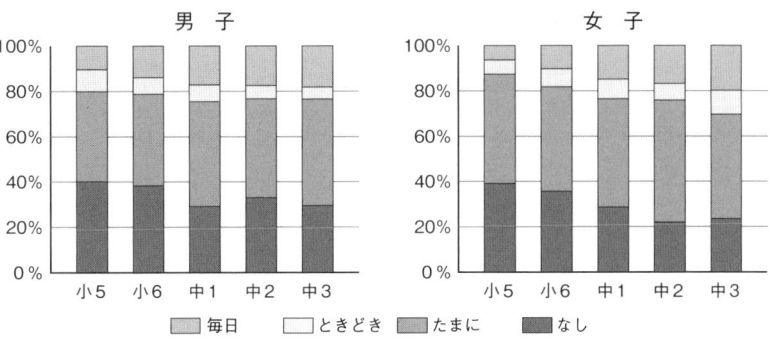

との関連が高くなっていました。そのほかにも後述する「健康だと感じない」割合（p.9参照）とも関連が高くなっていました。逆に，「ひとりぼっちだと感じない（なし）」割合は，男子のほうが多く，全体としては男子で約50％，女子で37％でした。

次に，朝，登校するときにすでに疲れを感じているかについてはどうでしょうか。「毎日，疲れを感じる」と答えている割合は，男女ともに，年齢が上がるにつれて増加しています（図1-3）。「疲れを感じない」と答えている子どもは，中学2年生，3年生になると，約20％しかいません。残念なことに，子どもたちは朝から元気にあふれているのではない，ということがよくわかります。

図1-4 「あなたは休みの日に何をしていたいですか」に対する回答

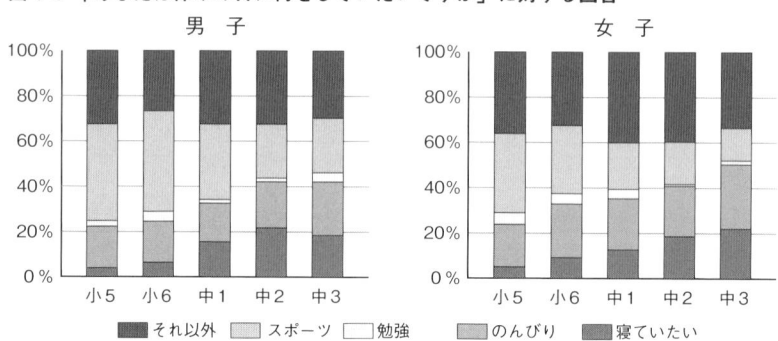

図1-5 「自分の健康状態をどう思いますか」に対する回答

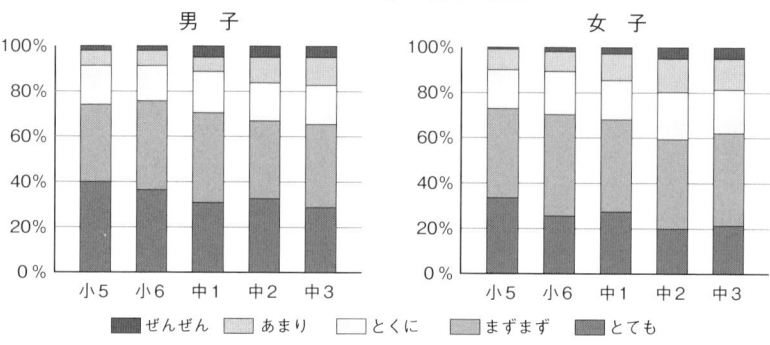

　では，休みの日はどうでしょうか。図1-4は，サラリーマンではなく小中学生の話です。「寝ていたい」という答えが，男女ともに年齢が上がるにつれて増加しており，中学3年生になると，男女ともに約20％を占めています。「寝ていたい」と「のんびりしたい」をあわせると，中学3年生では男子の約40％，女子の約50％にも達します。

　この結果は，図1-3（p.9参照）の「朝からすでに疲れを感じているかどうか」の頻度とも関連しました。スポーツをしたいという回答は男子に多いですが，やはり男女ともに年齢が上がるにつれて減少しています。勉強したいという回答は少数でした。このように，休日に何かをしたいとは思わず，休みたい，のんびりしたいと考えている子ども

たちが，40％程度はいるようです。

　最後に，自分の健康状態についてはどう思っているのでしょう。

　「とても健康」という回答は，男女ともに年齢が上がるにつれて減少しています。逆に「健康ではない（ぜんぜん＋あまり）」という回答は年齢とともに増加し，中学3年生では男子の約18％，女子の約19％に達しています。性別や全年齢を平均してみても，約10％を占めています（図1-5）。

　これらの結果は，私がおこなった調査のごく一部にすぎません。しかし，これが現状です。幸せではないと感じる，疲れている，健康ではないと考えている子どもたちが少なからず存在し，こうした気もちを抱えながら毎日を送っています。

　思春期の子どもたちと向きあう日々の中で，子どもたち全体にこうした背景があることを認識するようになってから，私も子どもたちを見る目が少しずつ変わっていきました。何かの訴えを抱えて訪れた子どもたちに対して，目の前にいる子どものことだけを考えるのではなく，その子の抱えている困難や問題は，実は「特別なこと」ではなく「どこにでもあること」であり，思春期という時期にいる子どもたちみんなが抱え得る問題だと考えるようになったのです。

　「どこにでもあること」だから「様子をみていればよい」ということでは，ありません。特別なことではないからこそ，子どもたちの訴えに耳を傾け，真剣に対応することが求められてきましたし，努力もしていく必要があります。このことは，私のような子どもたちの相談にのる立場の人はもちろんですが，子どもたちのもっとも身近なところにいるであろう保護者の方たちに，何よりもそのアンテナを高くしておいてほしいと思っています。

　保護者の方たちとお話をしていると「自分の子どものことは理解し

ている」と話される方が多いのですが,子どもたちと話していると「両親は自分のことをわかってくれていない」,あるいは最近の言葉ですが「わかっているかどうか微妙」という表現が多く聞かれます。すなわち,保護者から見た自分の子どもの姿と,子どもの感じている姿の間には差があるように思われます。子どもたちは思春期になると体の面だけではなく,こころの面や社会性の面も急激に変化します。その変化はしばしば保護者からは見えていないのかもしれません。そして行動上の問題を抱えたり,さまざまな不定愁訴を訴え続けたりした時に,初めて「見えていなかったこと」が再認識され,私たちのところに相談に来られるように感じています。

「見えていない」ということは「わかっていない」ということです。それではどうすればよいのでしょうか。「わかっているつもり」ではなく「わかっていないこと」を認めることは保護者にとっても簡単ではありません。基本は,いつも「理解しよう」というスタンスをもち,そのメッセージを子どもに送り続けることだと考えています。そうでなければ,おそらく子どもたちは「わかってくれている」とは感じないのではないでしょうか。

[参考文献]
* 1 ── 『10代の心と身体のガイドブック』米国小児科学会［編］関口進一郎,白川佳代子［監訳］誠信書房　2007
* 2 ── 『思春期・青年期と向き合う人のための心理学』菊池武剋［監修］　沼山　博［編著］中央法規　2004
* 3 ── 『思春期における精神心理的特性』平岩幹男　小児内科　39：9：1301-1304, 2007

第2章

思春期の
子どもたちとの相談

1. 思春期相談がなぜ必要か

［1］思春期に問題を抱えやすい理由

　第1章でもお話ししたように，思春期とは3分の2は大人，3分の1は子どもという，非常に微妙な時期であり，心身ともに大人へと近づいていく，成長著しい時期ともいえます。そのため，自分なりの価値観や社会観が形成され始める時期でもあり，期待された環境への不適応が起きやすくなります。

　すなわち，周りから期待される自分と，自分がなりたい自分との間のギャップが大きくなっていくわけです。期待されている環境とは，「この子は，このぐらいできるはずだ」というような家庭や学校の思い込みの部分もあります。たとえば，親が30歳で子どもが5歳のときと，親が40歳で子どもが15歳のときでは，当然親子関係にもいろいろな形で違いが出てくるものです。しかし，たとえば子どもが15歳になっても，親は子どもが5歳の時のイメージを引きずっていることが多いために，理解したつもりにはなっていても，実際には15歳のその子の現実の姿が保護者の目に映っていないということもしばしばあります。

　また，このような微妙な時期であるからこそ，セルフ・エスティームの揺れが大きく，安定しないことがあり，そのために問題を抱えることもあります。

［2］思春期相談の場だけで解決するわけではない

　このように，思春期はとても微妙な時期であるといえます。それゆ

えに，思春期のさなかにいる子どもが問題を抱えた場合，家庭内だけで解決することは困難な場合が少なくありません。また，学校に相談して解決するとも限りません。学校や家庭だけで解決するとは限らない理由は，しばしば専門的助言を必要とするからです。

　そこで，思春期の問題に専門的に対応できる場所が必要となるわけですが，わが国では，そうした問題を気軽に相談できる場所がまだまだ少ないのが現状です。少しずつ増えていく状況にはありますが，まだまだ足りません。

　思春期相談という場では，相談に来た子ども自身がどうしたいのか，またどう考えているのかということを，自分の言葉で語るようになるまで待つ，ということが大切だと思っています。相談に来た子の価値観は，決して否定しませんし，こうしなさいという指導を押しつけることもしません。明らかに本人の置かれている環境に問題があるような場合には，本人が受け入れられるような環境へ変えていくことのお手伝いも大切です。

　また，思春期相談の場に来てくれれば，すべてが解決するわけではありません。本人，保護者の協力はもちろんのこと，その子の抱えている問題の質によっては，関係諸機関とも綿密な連携をとることも欠かせません。

❖**保護者**

　思春期相談の場に保護者が来てくれるということは，家庭内でその子に問題があるということを受け入れているわけですから，比較的協力体制がとりやすいと思います。家庭環境そのものを変えることは困難でしょうが，生活習慣を少し変えてみたり，家族で一緒に食事に行くなど，共に行動する機会を増やしたりすることで，問題の解決に近づくこともあります。

❖医療

　抱えている問題が，実は，病気のサインであるということもあります。そのため，そうした可能性が考えられる場合には検査をしたり，その結果によっては診断や治療をしたりということもあります。

❖学校

　まず，ほとんどの子どもが学校に在籍しているはずです。たとえば，いじめの問題にしても環境や対応を調節する，学校の中で気軽に相談できるようなキーパーソン（軸になる人）を設定するなどの必要性も出てきます。さらにはクラスや担任だけではなく，学校としての共通理解も，一貫した対応を続けていくためには重要です。

❖福祉

　とくに障害を抱えている場合には重要になります。障害者手帳やいろいろな福祉サービスを利用したり，場合によっては生活保護などを含めた経済的支援を受けたりすることもあります。

❖警察や民生委員など

　たとえば非行の場合や，知的障害を抱えていて，すぐ外に出てしまうといった場合にも地域での総合支援を考えておく必要があります。

［3］思春期は取り残された領域

　わが国では，子どもの問題を扱う場合，就学前までは母子保健で厚生労働省の管轄，就学後は学校保健として文部科学省の管轄になります。市町村の保健センターや保健所には健康についてのプロである保健師さんたちがいますが，保健所や保健センターは厚生労働省の管轄下にありますので，思春期の子どもたちを扱うということは一般的ではありませんでした。

　これまで，思春期の子どもたちには医療機関や学校，教育委員会の

相談機関としての教育センター，教育相談所さらには児童相談所などが対応してきました。保健師さんたちも決して子どもたちの健康に関心がないわけではありませんが，実際にはあまり対応できずにいました。厚生労働省でも，「健やか親子21」の中に思春期を柱として取り入れはしましたが，現実の対応はというと，まだまだといってもよいと思われます。

　医療の面でも，思春期は内科なのか小児科なのかという議論がずっと続いてきました。たとえば，何歳まで小児科で，何歳から内科にかかるのがよいのか。12歳までが小児科なのか，15歳までなのか，18歳までなのか，これによっても全然違ってきます。日本小児科学会では18歳まで小児科へという運動を始めていますし，小児科医を対象として思春期臨床講習会（私も講師として参加しています）などを開催したりするなど，対応が始まっています。

　妊娠や性感染症の問題といえば，女子ならばすぐ産婦人科へ，男子の場合は泌尿器科へという流れが一般的ですが，そうした問題の背景には，しばしばこころの問題が存在していることがあります。その場合に，いったいどこの科が対応するのかということも，わが国では確立されてきませんでした。このように考えてみても，思春期はいわば取り残されてきた領域であるともいえます。

　しかしながら思春期の子どもたちは，体は「子ども」から「大人」へと移っていく時期であり，こころの面でも学校生活を含む社会生活が大きな広がりをもつ時期，すなわち人間関係の問題が起きやすい，そしてこころの揺れが起きやすい時期にいるわけです。だからこそ，きちんと対応できるシステムが必要になるのです。

2. 思春期相談を始めてみた

［1］思春期の子どもたちのための相談室

　思春期の子どもたちが問題を抱えた場合，いったいどこに相談すればよいのでしょうか。わが国では，こうした問題を長らく抱えたままでいました。また，実際，教育委員会からも学校や教育相談とも異なる，思春期の子どもたちを対象とした相談の場が要望されていたと思います。

　私の勤務していた市には，当時，非常に多くの不登校の子どもたちがいました。そのため，教育委員会から不登校の子どもたちの相談に乗ってくれる場所を作ってほしいと要望されていました。そこで，1994年度から小中学生を中心とした個別相談の場としての相談室を開設してみました。行政の保健部門の事業であるため，市民であれば利用することができ，検査や投薬が必要な場合には，外来診療を受けることができ，保険がききました。対象は，原則として市内在住の中学校3年生以下の児童・生徒またはその保護者で，内容は不登校をはじめとする心理的，精神的要因の関与している可能性の高い問題についての相談を中心としました。しかし実際には，対象とする年代でなくても，小中学校の時期に始まった問題をその後もずっと抱えているという人もいたため，そうした場合には，ほかに適切な相談の場所がないということもあり，相談の対象としていました。在学中という制限のある学校とは異なり，問題が解決していなければ卒業しても継続することができたという点は，この形式の利点でもありました。

もちろん，個別の面接相談だけではなく，必要におうじて教育部門や福祉部門とも連携して話しあうこともありました。また面接室での相談や観察で十分に状況が把握できない場合には，学校などに出向いて子どもの観察をおこなう場合もありました。相談時間は初回面接では1時間前後が多く，再来の場合には30分程度としていましたが，時には2時間以上に及ぶこともありました。

　相談内容については，開設のきっかけが不登校だったこともあり，最初のうちは不登校が8割を占めていました。その後，教育センターが設置され，不登校の相談は一次的には教育センターが引き受けるようになり，不登校に関する相談件数は減っていきました。それから一時期，非行に関連する相談が増え，若年妊娠の相談も多くなった時期がありました。1998年過ぎから急激に増えてきたのが発達障害で，2001年ぐらいからは相談件数のトップを占めるようになっていました。また，学校からの紹介だけでなく，家庭や友人などいろいろな経路からの紹介も増えていきました。

　私がこれまでにかかわってきた代表的な思春期の問題としては，不登校（第3章），摂食障害（第5章），あるいは発達障害（第12章）や性の問題，非行（第11章）などがあります。もちろん，相談に来られた方すべてとうまく相談が続けられたわけではありませんでした。たとえば，思春期の女の子たちの中には自分の父親の顔を見るのも嫌だという子どもは，少なくありません。彼女たちの目の前に，相談をする相手として，50歳を過ぎた（初めの頃は40歳代でしたが）「おじさん」が出てくるわけですから，うまくいくとは限りません。私の印象としては，だいたい80％はなんとか継続できましたが，残りの20％はほかの相談機関を紹介したり，急に来なくなってしまったりといった状況でした。

　また，うまくいかないなと思ってほかの相談機関を紹介しようとし

ても，なかなか引き受けてくれる機関が少ないということも当時の悩みの一つでした。

　今では，市民に限らず，市外の方たちからの相談の要望が強くなってきたこと，また医療的な対応が必要なケースが増加してきたこともあり，外来での予約診療という形をとって対応しています。

　相談の内容も先ほどお話しましたように，不登校が中心であった時期から，発達障害が中心になってきたように，実にさまざまですし，最近では複数の問題を抱えている子どもたちも相談に来ます。

　これほどさまざまな問題を抱えた，多くの子どもたちにかかわってきたおかげで，私自身，ずいぶん鍛えられたという気がしています。

［2］思春期相談のポイント
●──信頼関係を築く

　思春期にさまざまな問題を抱える子どもたちは，なかなか大人に対しては口を開きません。なかには，すべての大人を敵視している場合すらあります。ですから思春期相談の場では，まず子どもとの信頼関係をどうやって築くかということが最初の課題です。週数の進んでしまった妊娠のように，時間的余裕がない場合の相談は別として，基本的には，本人が抱えている問題とは別の話題を話すことから始めます。

　たとえば，趣味やスポーツ，音楽の話などから徐々に話を広げていきます。また，保護者の名前やどんな人なのか，生年月日，自分の名前などは，生まれたときにすでに決まっている自分に責任のない事実ですから，そうした話題から始めることもあります。本人が触れない限り，抱えている問題については，当初は話題にしません。とにかく，本人が少しでも自分から話す機会や時間ができるように努力します。

　本人を説得するのではなく，まして指導するのでもありません。自

分から声を出してもらってそれに耳を傾ける，それが原則です。

●──話をする場所を工夫する

　話をする場所というのも，思いのほか大切です。私たち自身，狭い室内よりも屋外の青空の下のほうが，気分がのびのびするということがあるのと同じことです。狭い相談室の中で息がつまってしまうような感じが見受けられれば，公園などの屋外や，広いプレイルームなども相談の場になります。私は，近くの公園のベンチもよく利用しています。

●──子どもをリラックスさせる

　面接の時の視線の位置も大切です。相手が子どもだからといって見下ろさないこと，なるべく視線の高さをそろえることです。また，私は白衣を着ないことにしています。もう20年も着ていませんし，今となっては持ってすらいません。子どもがリラックスするために白衣は必要ではないと考えています。

●──具体的に重要なポイント

　実際に，進めていくにあたり，以下の点がとくに重要と思われます。
- 子どもたちが話し始めたときにはさえぎらないようにします。保護者が同席していて口をはさむ場合には，保護者に外に出てもらいます。
- 子どもたちが相談の場所に無理に連れて来られたり，来たことが不本意で興奮状態になったり，暴言を吐いたりすることがあります。このようなときには，いったん席をはずして子どもを一人にします。少し時間がたってから（15─30分後）話しかけてみる（タイムアウト）ことがしばしば有効です。こうした方法は，発達障害の場合や中学生で，利用頻度が高くなります。
- 子どもたちがその時に大切にしている価値観を否定しないことが大

切です。たとえ実現不可能であったり，社会的に認められないものであったりしても，とにかく話を聞くことが大切で，聞いてもらえたと子どもたちに感じてもらうことです。逆に聞いてもらえなかったと感じた場合，次回以降が困難になります。

- 子どもたちに対して判定を下さないことも大切です。善悪の判断は，たとえ非行に走った子どもの場合であっても，当の本人はわかっているものです。診断はされても，判定されることは子どもたちにとって決してうれしいことではありませんし，判定は経過とともに子どもたち自身がしていくものです。社会的判断を教えようという対応をするのではなく，子どもたち自身に考えてもらい，判断してもらいます。
- 話や価値観を押しつけることは，大抵の場合うまくいきません。指導しようと考えたり，急いで行動を変容させようとしたりすることは，緊急性のある自殺企図などの場合ですら事態が好転しないと考えてよいと思います。相談を受ける側は，決してすべてを解決する強力な存在ではありません。子どもたちが自分を見つめ直す手助けをする存在にすぎないと考えています。
- 基本は，顔と顔をつきあわせて話すことですが，現在では電話や面接だけではなくメールを使うことも有力な手段です。その子の状況によっては，面接にこぎつけるまでのコミュニケーションをとる方法としてメールを利用したり，面接の時間だけでは足りないために，それを補う方法として利用したりします。私自身も，経過観察や面接と面接の合間をサポートするためなどに，メールをよく利用しています。

思春期の子どもたちの抱えている問題への対応は，誰でもいつでも

できるものではありません。一定の技術（スキル）と経験（トレーニング）が必要です。医師の研修の機会としては，日本小児科医会の「子どものこころの相談医」の研修や先にあげた小児科学会の講習会などもあります。また国家資格ではありませんが，臨床心理士（臨床心理士認定協会）や思春期保健相談士（日本家族計画協会）の資格も一定の研修や実績にもとづいて与えられますので，保健師や教員などの関連職種にはこのような資格の取得も勧められると思われます。思春期の問題を抱えて一般の医療機関を訪れた場合，医師の何気ない一言が，たとえば不登校では無責任な登校刺激や逆に不登校の許容によって，問題が長期化したり複雑化したりすることもまれではないということを，こころに留めておきましょう。

　一般的に，こころや行動の問題について相談しようと考えたときに，幼児や大人であれば，市町村の保健センターや保健所に相談することが多いと思います。そこには，健康に関する相談のプロとしての保健師がいますし，相談にも乗ってもらえます。

　しかし現実には，多くの保健センターや保健所での思春期の問題への相談体制は十分ではありません。それについては，わが国の保健システムの成り立ちから理解しておく必要があります。先にもお話ししましたが，就学までの保健は母子保健として，厚生労働省の管轄ですが，就学後は学校保健として文部科学省の管轄になります。そして学校を卒業し，成人になると，成人の保健として，また厚生労働省の管轄になります。保健センターや保健所は，厚生労働省のシステムの中で位置づけられています。思春期は学校保健の時期の問題ですから，保健センターや保健所がこれまでにはあまり取り組んでこなかったことがわかると思います。

　思春期も含めて，人生は一つの流れですから，途中で保健の担当が

代わることは好ましいことではありませんし，一元的にライフステージにおうじた相談を受けられる状況が望ましいことは明らかです。

　私もこれまでに多くの保健師さんたちとお話をする機会がありました。皆さん，子どもたちが好きですし，思春期の子どもたちに対応したいという熱意もあります。しかし残念ながら，これまでにはあまり対応してこなかったために，知識や経験の蓄積は十分とはいえない現状です。今後に期待したいと考えています。

　いずれにせよ，現実には困っている，助けを求めている思春期の子どもたちは数多くいます。彼らに対して，問題の解決への手助けとしての思春期相談という場は今後も必要性が大きくなると思われますし，そのためにも社会資源として整備して行く必要があると思っています。

　どこに相談すれば，そこに行けばどんな相談ができるのかが，子どもたちも含めてみんながわかっているようになれば，相談ができないために苦しんでいる子どもたちやその家族を減らすことができます。

　現在，思春期の子どもたちが相談するための社会資源は決して十分ではありませんが，十分ではないと言い続けることだけではなく，知識や経験を生かして少しでも「自分にできること」からしていく必要があると思いますし，私もお手伝いをしていきたいと考えています。

［参考文献］
　＊1──『思春期臨床の考え方，すすめ方』鍋田恭孝［編］金剛出版　2007
　＊2──『思春期相談の現況』平岩幹男　小児科　45:2357-2362, 2004
　＊3──『思春期相談のポイントと対応』平岩幹男　小児科診療　68:1100-1106, 2005

第3章

不登校, ひきこもりをめぐって

1. 不登校を見過ごしてはならない

［1］不登校とは

　不登校とは，文部科学省の統計上では，年間に30日以上身体的な理由以外の理由で学校を休んだ児童生徒のことで，年々増加しているといわれています。2002〜2003年から少し横ばいの状況が続いていましたが，2006年にはまた少し増加しているとの報告がされています（図3-1）。小学生では，だいたい300人に1人ですが，中学生では35人に1人と増加します。また，地域によっても違いがあり，たとえばA県の中学生では2001年度で35人に1人でしたが，2006年では大体34人に1人とやや増加しています。実際には不登校以外にも病気による長期欠席が少なくありません。以前に調査したところ，A県の中学生

図3-1　「小中学生の不登校の推移」に対する回答

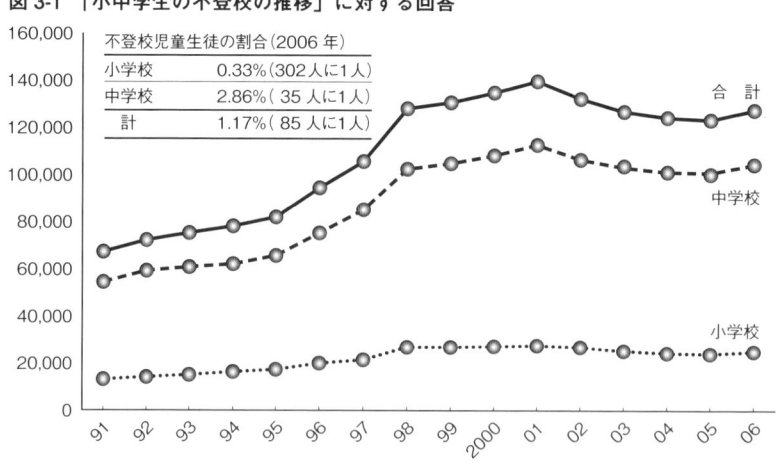

（文部科学省発表資料　2007年8月）

では不登校は1,628人でしたが，それ以外に病気が理由で長期欠席をしている子どもが1,179人もいました。ただ，この病気といわれている中にも，少なからず不登校が含まれていることが指摘されており，実際の不登校は上記の数よりもかなり多い可能性もあります。

高校生の場合は不登校だけではなく，中途退学（中退）という問題が大きくなっており，全国平均では公立高校で3％くらいが中退して卒業に至らないということがいわれています。高校は義務教育ではないこともあって，中退者の受け皿が少ないことも問題です。

私も，相談の場や外来の場面で数100人の不登校の子どもたちと接してきました。後でもお話しますが，私にとって，不登校の解決とは，その子が単に学校に行けるようになることではなく，将来目標をもって生きていけるようになることだと考えています。

不登校は，最初の頃は学校恐怖症（School phobia）という呼び名でした。そのうちに登校拒否（School refusal）という名前になり，そして現在では一般的に不登校（Non attendance at school）と呼ばれています。歳月とともに表現も変わってきたわけですが，当初は不登校とは怠けているのだから，学校に行けと登校刺激をすれば良いと考えられていました。

不登校の名称と対応

- 学校恐怖症→登校拒否症→不登校
- Schoolphobia→School Refusal→Non attendance at school
- 当初は不登校＝怠け，従って登校刺激
- 登校刺激の失敗から不登校容認論の台頭（どの子にも起こり得る）
- どの子に起きてもしかたないという考えの拡張
- 不登校容認論の見直し→文部科学省も対策

ところが，登校刺激をしてもなかなか登校にはつながらないことがしだいにわかってきました。そのうちに，不登校は特別な子どもに起こるものではなく，どの子にも起こり得るものと考えて，暖かく見守って行こうという流れ（不登校容認論）が出てきました。しかし，その見守るということをどのようにおこなうのかが具体的に議論されないまま，どの子に起きてもしかたがないものだという方向に考え方が拡張されてきているともいえます。どの子に起きてもしかたがないと考えてしまうと，放っておけばよいと考えられがちになり，きちんとした対応がなされなくなるという面もあります。

小中学生は，学校教育法によって通学は義務であること，保護者にも通わせる義務があることが決められています。たとえばアメリカの場合でも，州によって差はありますが，子どもを学校に行かせないと親が逮捕されるということは，決して珍しいことではありませんし，もちろん，学校側としても受け入れる義務というのが当然あるわけです。最近では暴力行為，犯罪行為，あるいは飲酒喫煙などの非行問題に関して，中学生であっても出席停止などの処分により，学校側が登校を受け入れないという事態も生じてきていますので，出席停止という対応から不登校につながってしまうような場合もあります。

学校は，子どもたちにとって学習だけではなく，将来社会に出て行くために必要な人間関係や社会性を身につける場でもありますから，不登校という状態は，その「権利」を奪ってしまうことにもつながるのです。

［2］不登校のその後

1993年に不登校であった中学生を対象として，文部科学省がおこなった調査があります。この調査では中学卒業時点の進路として，就業率

が28％，高校などへの進学率が65％，就学も就業もしない者が13％いること，進路先について希望どおりでなかったとする者が57％いること，中学校卒業直後の高校進学者については，そのうちの38％が中退していることが明らかにされています。

また，中学卒業5年後の調査では，「就労しているが，就学していない者」が54％，「就学・就労ともにしていない者」が23％，「就学しているが，就労していない者」が14％，「就学・就労ともにしている者」が9％となっています。この結果を見て，不登校であった中学生のうち77％が就労あるいは就学をしているので，不登校となったとしても，その後の経過は悪くないという議論もされてきました。しかし，私に言わせれば，実際に23％もの子どもたちが就労も就学もしていない状況にあることのほうが大きな問題です。現在の中学生の数から考えれば，不登校になった子どもたちの中から毎年8,000人あまりは，5年後に就労も就学もしていないという計算になります。ですから，不登校のその後の経過というのは，後で述べるひきこもりの問題も含めて，決して良好とはいえないと思います。

［3］不登校にかかわる社会資源

不登校の問題で一番重要なことは，子どもたちが社会復帰をしていくための社会資源をどう確保するかということです。しかし，その社会資源が十分に担保されているかどうかというと，そうとはいえません。むしろ，いろいろな意味で不十分だといったほうがよいでしょう。

❖学校

まず，学校です。不登校は，学校に行かないという問題ですから，当然学校が大きな社会資源です。問題なのは，学校は在籍中には一生懸命対応してくれますが，卒業してしまうと対応してくれないという

> ### 不登校にかかわる社会資源
> - ●学校(在籍中にのみ対応してくれ,卒業後は対応してくれない)
> - ●家庭(経年的に力関係が変化する)
> - ●相談機関(思春期に対応する場所が少ない)
> - ●保健部門(スタッフが十分配属されていない)
> - ●児童相談所(児童虐待に追われている)
> - ●医療機関(小児科,内科,精神科:認識不十分)
> - ●地域での受け入れ(大都市圏では不十分)

点です。不登校の問題は,短時間で解決するものでもなく,年単位で対応をすることが多いものです。不登校からひきこもりに至れば,5年以上の期間にわたって対応することも珍しくありません。学校に通う年数を考えてみても,中学校や高校はわずか3年間,それよりは長い小学校でも6年しかありません。その子の人生を考える上での継続的な社会的資源としては,学校だけでは不十分です。

❖家庭

家庭も重要です。家庭での対応一つで子どもたちは変わってきます。家庭において,子どもたちにいかに向きあうことができるかが鍵でもあります。何を考え,何をしたいのか,何がしたくないのか,それらについて保護者がきちんと知っておくことが求められています。子どもたちを甘やかすのではなく,きちんと理解することが手始めです。

❖相談機関

教育相談を含めての相談機関はどうでしょう。幼児の発達の遅れに対して相談におうじるところは多いですが,思春期に対応する場所というと非常に少ないのが現状です。それは,先にもお話ししたように,

小学校に入るまでは厚生労働省管轄，小学校に入ってからの学校生活の間は文部科学省管轄と分割されており，なかなか省の管轄を越えた連携がとりにくい状況が続いているということがあります。

児童相談所は，子どもの問題のすべてにかかわることが原則になってはいますが，現在では児童虐待への対応に追われているために，不登校の相談に乗ることは難しくなっています。

❖医療機関

学校に行けないのですから，医療機関へ相談に行くということも頭に浮かぶでしょう。小児科，内科，精神科などに相談されることが多いようですが，しばしば「様子をみていればよい」「よくあること」などという対応をとられてしまうことがあります。医療機関としては，身体面には積極的でも，不登校に対する取り組みや対応は十分ではないことが多いのが現状です。

❖地域社会

地域社会として不登校の子どもたちを受け入れて，一緒に考えていくことも大切なことです。しかし，とくに都市部では地域社会そのものが流動的であることもあり，なかなかその役割は果たせていません。

このように，わが国では不登校をめぐる社会資源は不十分と言わざるを得ません。また，どこか決まったところが責任をもって，一貫してその子を見守る形にはなっていないということも，今後，考えていくべき課題です。

［4］不登校の裏側に隠れている病気

不登校として相談や受診に来られても，背後に治療を要する病気が隠れていることもあります。次に示すのは，私が経験したことのある病気などです。実にさまざまな病気が含まれていますが，最近では

> **不登校として取り扱われていた対応を要する病気**
> - 精神疾患：神経性食欲不振症，統合失調症，うつ病，(児童虐待)
> - 発達障害(ADHD,高機能自閉症,学習障害など)
> - 身体疾患：気管支喘息，アトピー性皮膚炎(これらは逆に不登校であっても疾患として分類されていることもある)，過敏性腸炎，慢性・急性の胃炎，睡眠障害，偏頭痛，膠原病，慢性疲労症候群，慢性腎炎，起立性調節障害
> - そのほかに学業不振をともなう精神遅滞

 ADHDや高機能自閉症などの発達障害が問題になっています（第12章参照)。とくにアレルギーの病気では，高校受験などの時に不登校よりは病気で休んだほうが高校の理解が得られやすいと考えて，不登校の場合でも保護者が医療機関に診断書を書いてもらい，病休に分類されていることもあります。病気とはいえないかもしれませんが，意外に多いのが学業不振をともなう精神遅滞で不登校になる場合です。就学時健診を問題なく通過した子どもたちの中に軽度から中等度の精神遅滞の子どもたちが混じっており，小学校の高学年以降に不登校になることがあります。ですから不登校の相談を受ける場合には，この問題も必ず考えるようにしています。

［5］不登校にいたる経過

　不登校の経過はさまざまですが，もっともよくみられるパターンをお話しします。まず，身体的な不定愁訴が強い時期があります。たとえば頭が痛い，吐き気がする，お腹が痛い，体がだるいなどという症状です。不定愁訴とは，自分では訴えが強くても周りからはわかりにくい症状で，一般的に症状は朝強く，夕方以降弱くなり，夜は非常に

> **不登校の経過**
> - 身体的不定愁訴の時期：頭痛，吐き気，腹痛や倦怠感など他覚的所見に乏しい症状
> - 症状は一般的に朝に強く夕方以降弱くなる
> - 昼夜逆転現象が始まり，朝起きなくなる
> - 興味を失い，ひきこもるようになる
> - 社会的不適応が，社会性の喪失へつながる
> - 夜中のコンビニエンスストアには不登校児もいる
> - 社会性が保たれていれば多くは社会に復帰

元気がよいというパターンが多いようです。それが進んでくると，今度は朝起きられなくなって昼夜逆転現象が始まります。実際に，私も午前2時のコンビニエンスストアに行ったことがありますが，夜中のコンビニエンスストアには中学生，高校生がたくさん集まっています。実際，相談に来ていた子どもに出会ったこともありました。

このように，たとえ夜中のコンビニエンスストアに出かけたとしても，外出の機会は少なくなりますし，何よりも会話をすることを含めて，対人関係が限定されるようになります。誰でもそうですが，家から外に出ることが少なくなり，対人関係がきわめて少数の人に限定されてくると，次にお話しするひきこもりの場合もそうですが，社会と自分との位置関係に変化が起きます。

学校に行っているときを考えてみましょう。学校には先生も多くの友だちもいます。自分は学校の一部であるという認識が自然に生まれてきます。ですから誰か新しい転校生が突然入ってきても，クラブ活動で，レギュラーから外されて少し落ち込んでも，対応もできますし，立ち直ることもできるでしょう。

しかし学校に行かなくなり、昼夜が逆転し、対人関係の相手がきわめて少数になるとどうでしょうか。社会は自分の周りの、ごく狭い部分になってしまいます。そうなると、自分が社会の一部、一員であるという認識がなくなり、自分にとっての社会は、自分の周りの限られた空間、限られた人間関係だけになってきます。そうなれば、そこに新しいことが起きても、受け入れることが困難になります。コンビニエンスストアで知らない人に話しかけられても受け答えができない、小遣いがなくなって買いものができなくなったら、家族に当り散らすなど、自分の周りの小さな世界だけになればなるほど、柔軟な対応ができなくなってきます。

　こうした結果として起きてくるのが、社会的不適応です。社会的不適応の状況が続けば、そこから抜け出すことも困難になってきます。私は、「社会性が保たれていれば、不登校の子どもの多くは社会に復帰する」と考えています。社会性が保たれるということは、電話やメールも含めてですが、友人を含めた家族以外の人間関係がある程度保たれているということ、昼夜逆転しないということ、それからいざという時に自分の意思にもとづいて外に出ることができること、などです。これらが失われればひきこもりにつながります。実際、長期化した不登校の約20％がひきこもりになるという説もあります。私の経験では、不登校の子どものうち、ひきこもりになる率はだいたい5～10％だと思いますが、実際にひきこもりになってしまうと30％は長期化するともいわれています。

2. 不登校への対応のポイント

［1］なぜ対応する必要があるか

　これまでに多くの不登校になった子どもたちと話をしてきました。不登校になった子どもたちと話していてまず感じること，それはセルフ・エスティームが不登校の状態では高められないということです。

　たとえばいじめによる不登校や，教員による不適切な指導の結果起きてしまった不登校では，そのまま学校に行くことに比べればセルフ・エスティームがそれ以上低下することを防ぐことはできます。しかし，低下したセルフ・エスティームを不登校の間に高めるためには相当の努力が必要ですし，子ども自身でおこなっていくことは難しいと思われます。また学業不振や怠けによる不登校では，一時的に学校に行かないことでセルフ・エスティームが上がったようにみえることもありますが，すぐに元に戻りますし，生活時間の乱れによってよけいに低下することが多いようです。

　また子どもたちの多くは，不登校の状態について「しかたがない」と思うことはあっても，「これでいい」と感じていることはとても少ないように思います。子どもたちも「これでいい」とは思っていない，しかもセルフ・エスティームも上昇しないという状況になってきますので，子どもたち自身の力でこの状況を打ち砕くのは難しくなります。ですから，子どもたちまかせにするのではなく，周囲からの介入が必要ではないかと考えています。これが，不登校をそのままにしてはいけないと私が感じている理由です。

［2］学校では

　不登校は，何もしないままではそう簡単には改善しません。しかし，強い登校刺激や登校を強制するような大波を浴びせて攻撃的になると，子どもたちはそれから逃避しようとして，状況は悪化するだけです。私はむしろ大波ではなく緩やかな波，少しずつ子どもたちにメッセージを送っていく緩やかな登校刺激「さざ波」のほうが，大切だと考えています。ですから罰を提示して登校を押しつける，定期試験の時に来ないと高校への内申書が出ないと脅す，そうした強制的な方法は好ましくありませんし，子どもたちが自分自身で行動を変えていく助けには決してなりません。

　学校では，まず子どもたちの話を落ち着いて聞く体制作りが必要です。落ち着いてじっくりと対応する場を設定するだけで，子どもの表情が和らいでくることもあります。不登校というと，とかく保護者への対応が中心になりがちで，保護者への登校刺激がおこなわれることもありますが，実際に不登校の状態にはまっているのは，子どもたちであることを忘れてはいけません。

　うまく登校できた場合には，個別に対応して話を聞いてあげることも大切ですし，第1段階としては，遅刻，早退，それからクラブ活動だけの参加もかまわないと思います。クラブ活動だけなら行けるというようであれば，かろうじて社会性が保たれることになるわけです。

　しかし残念ながら，授業に出ないでクラブ活動だけは許可するということは，学校側もなかなか対応しにくいようです。保健室登校，相談室登校，あるいは学校によっては校長室をオープンルームにして校長室登校をさせているところもありますが，こうした方法もお勧めでしょう。

　家庭以外の社会の場として学校に少しでも行くことにより社会性を

維持することは重要ですし，学校の中に相談しやすいキーパーソン（対応の軸になる人）を決めておくことも問題の解決には役立ちます。

［3］家庭では

　まず，朝は決まった時間に起こすようにしてください。何回失敗しても，とにかく努力をしてください。これは，基本的に午前中に起こしてくださいということです。これまでの経験上，お昼の12時までには起きている子であれば，午前8時に起きようとしたときに簡単にできるものです。しかし，午後3時とか4時にならないと起きてこない子が，午前8時に起きるということは至難の業であり，ほとんどができません。私の外来に来る時点で，すでに昼夜逆転に近くなっている子どもたちは，だいたい朝の5時や6時に寝るわけですが，そういう場合には寝ないでそのまま私のところに来るようにと話しています。

　次に，起きることができたらパジャマやジャージを脱いで着替えることも大切です。できれば朝食，11時頃起きれば昼食ということになりますが，起きたら食事をするということも生活リズムを作るためには必要です。不登校の子どもは，だいたい生活リズムが崩れているものですから，学校に行くということ以前に，生活リズムを立て直すことが，まず大切になります。

　起きてから3時間は，テレビやゲーム，パソコン，メールやマンガを読むことなどをさせないようにします。最初の3時間は，勉強しても本を読んでも，話をしていても，何でもかまわないのですが，テレビやゲームをしない時間にすることが肝心です。この手のものは，いったん始めてしまうと時間の感覚がなくなり，ずるずるしてしまうのでとりあえず3時間はさせないようにします。また，登校させたいがために，ものやお金で釣って登校を促すことなどは，論外です。制限し

ていたゲームの時間を延長するといったことなども，この部類に入りますが，子どもの要求はエスカレートしがちなので，結局は対応に困るようになってしまいます。

　また，子どもの話を静かに聞くことも大切です。子どもが話をするようになったときに，そこで考えを押しつけたり価値観を否定したりしているとうまくいきません。とにかく話はよく聞いて，子ども自身を受け止めているのだというサインを保護者が送るということが重要です。

［4］医療機関，相談機関では

　相談の場に，最初から子ども本人が来ることは多くはありません。保護者の方だけが来られ，そのお話から状況を把握し，子どもへの対応を一緒に考えてから，徐々に子どもと面と向かって話をするということが多いと思います。

　子ども本人が来てくれたとしても，学校の話ではなく，音楽とか，本の話，スポーツの話など日常の会話を試みます。相談の場に来たのだから学校にも行けるだろうと，学校に行くようにいきなり話しても効果はありません。まずは，その子がどう社会性を保って行けるかが，鍵となります。話をしながら，うつ病やそのほかの精神的な問題がないかなどをチェックしていきます。さらに，本人と話をしていく中で，いろいろな病気も頭に置きながら，体の問題や不定愁訴のことも聞いていきます。その中で，必要があれば血液検査などの検査をすることもありますし，状況によってはきちんと全身の診察をすることも必要になります。子どもを取り巻く家族はその子にとっての生活上の基礎ですから，必要におうじて母親や父親あるいは兄弟などへのカウンセリングや，家族に集まってもらって話しあいをするということもあり

ます。

　子どもたち本人に対しては，とくに何かを強制しなくても，定期的に本人が相談に訪れているということだけで，社会性を失わせないという効果があります。したがって，まず相談の場に来てくれることを大切にします。そうしているうちに，自分のことを自分の言葉で話し始めるようになる機会が訪れます。早い子では1か月くらいでしょうし，遅い子では1年も2年もかかることがあります。とにかく，本人が自分の言葉で話し始めるまで待つことです。自分の言葉で話し出すようになれば，自分のこころにたまっているいろいろなことを，自分から話し出すようになります。

　とにかく相談者と子どもとの間に信頼関係ができなければ，将来どうしたいとか，どんな目標があるのか，などを含めた本音の話が出てくるわけはありません。これは不登校だけに限らず，子どものこころの問題に関してはすべてに通じる基本的なことです。

3. 思春期のひきこもりもある

［1］ひきこもりとは

　ひきこもりも不登校同様，実は病名ではなく「ある状態を指す」ものです。厚生労働省の定義と精神科医でひきこもりの支援をしておられる斎藤環先生の定義があり，基本的には自宅にひきこもって社会参加をしない状況が少なくとも6か月以上続くということです。社会参加とは，厚生労働省の定義では就学，就労ですが，斎藤先生はそこに親密な人間関係を加えておられます。

　統合失調症など精神障害が第一の原因である場合には，ひきこもりとして扱いません。もちろん，ひきこもっている状態の中で，二次的に精神症状を起こし精神障害に至ることもありますが，この場合は病的ひきこもりという扱いになります。全国的には18歳以上の例が多い

ひきこもりの定義

- 自宅にひきこもって社会参加をしない状況が，少なくとも6か月以上持続（斉藤, 2002）
    - →社会参加：就学, 就労, 親密な人間関係
    - →厚生労働省の定義では就学, 就労
- 精神障害がその第一の原因ではない
- 二次的に精神症状や精神障害をきたすこともしばしばあり，その場合は病的ひきこもり
- 18歳以上の例が多い

といわれていますが、私は小中学生の時期に始まったひきこもりの相談を11人ほど経験していますので、思春期にも決してまれなものではないと考えています。この11人のうち9人は、ひきこもる前に不登校を繰り返していました。

　ひきこもりの数に関して、不登校やひきこもりに詳しい教育評論家の尾木直樹先生は、全国で80～120万人、ざっと100万だろうとお話をされていますが、厚生労働省では、2002年に保健所などに相談したケースを調べ、全国で14,069件というデータを出しました。平均年齢は26.7歳ですが、年齢分布をみると19歳以上が約84％、5年以上のひきこもりが約50％でした。男性が約77％を占めています。

　ひきこもりは、ひきこもっていられる、そしてひきこもっていても生活できる、経済的および空間的な基礎がなければできません。ひきこもっているということは、ひきこもっていても、食事をしたり、寝たりすることができる経済状況にあり、他人を拒絶できるだけの空間があるということです。経済的、空間的な条件がそろっていなければ、ひきこもりは生まれません。

［2］ひきこもりと区別すべき精神的な病気
❖統合失調症

　区別しなければならない精神的な病気としては、まず統合失調症があげられます。幻覚（その場にないものが見えるという）、幻聴（その場で聞こえないものが聞こえるという）、妄想（ありもしないものをあると信じこんでいる）、独語（あたかも誰かに話しかけているような独り言）、空笑（何もないのに一人で笑っている）などの代表的な症状がありますが、必ずしも初期からはっきりするわけではありません。10代後半から20代前半では、眠れない、いらいらするなどの症状だけのこともあり、診断は必ずしも容

易ではありません。20代後半くらいになってくると，先にあげたような典型的な症状が明らかになることから診断がつくケースが多いように思われます。

ですから思春期のひきこもりの相談に乗る場合，今は診断がつかないとしても，将来，統合失調症という診断がつくかもしれないことを念頭に置いて考えておく必要があります。とくに，長期化する場合には考えておきます。

❖うつ病

自信がなくなったり，無気力になったり，死にたいなどの症状からひきこもってしまうこともあります。うつ病の時には，意欲の低下だけではなくて，不眠や食欲の低下，強い焦りの気もちなどが普通はあります。時間の経過とともに症状が変化することもあります。思春期のうつ病では食欲の低下の代わりに過食，睡眠障害の代わりに過睡眠がみられることもあります。

❖パニック障害

外に出るとパニック発作を起こすことから，広いところや人の多い場所に出ることが不安であるためにひきこもってしまうことがあります。パニックがどのような状況で起きるか問題を含め，時間をかけて話を聞くことが診断や治療につながります。

❖高機能自閉症

日常の相談や診療でしばしば遭遇することがあります（第12章参照）。

私は，高機能自閉症に合併したひきこもりは，二次的症状（二次障害）と考えています。

高機能自閉症の問題を抱えて社会でうまくいかないことが繰り返された結果として自己への評価が低下し，ひきこもりになる場合があります。私も何人か相談を受けましたが，高機能自閉症のこだわりやコ

ミュニケーションの障害を統合失調症と間違えられていることもあります。

［3］ひきこもりの攻撃性

　ひきこもりの場合，本人はそれでいいと思っているわけではなく，うまくいかないことに対するやるせなさを抱えており，ちょっとしたことで攻撃性が強くなりやすいと考えられます。その攻撃性が自分に向けられれば自殺になりますし，周囲に向けられれば家庭内暴力になります。周囲があせればあせるほど，家庭内暴力はひどくなってくることがよくあります。

　家庭内暴力がある場合，かなり激しいことがありますし，放っておくと自殺する可能性もあるので，緊急に対応が要求されます。医療機関だけではなく児童相談所，警察などとも連携して対応する必要が出てきますし，関係者が集まってカンファレンスを開いて共通認識をもっておくことも有用です。ですが，家族の方には家庭内暴力が始まったら，まずは警察に電話をして逃げなさいとお話しています。とりあえず避難し，どのように対応するかは，また後で考えるということです。

4. ひきこもりへの対応のポイント

［1］家族への対応

　ひきこもりでは，本人だけではなく家族への支援も必要です。誰かがひきこもっている時に，悩むのは家族，とくにご両親です。ひきこもりの相談に最初から本人が来ることはなく，最初は家族が相談に来られますから，家族への対応が非常に大切です。

　相談に来られた保護者の方にお会いすると，このままでは保護者の方も一緒にひきこもってしまうのではないかとすら感じられる場合もあります。私たちの育て方が悪かった，私たちの生活がちゃんとしていなかったからだなどと自分たちを責めることもあり，まずはご家族の精神的な安定が本人への対応を計画的に進めていくためにも必要です。

　保護者の方とお話をするときには，まず保護者の方が何とかしようと努力されてきたいろいろなことについて，時間をかけて聞かせていただきます。ここで大切なことは，何とかしようと努力してみて，何をしたらだめだったのかということを明らかにすることです。何が効果的でなかったかを理解できるということは，そのことを理解する前よりは進歩しているということです。ですから，こうしましょう，ああしましょうとこちらがあれこれいうのではなく，それまで，どのように対応されてきたのか，その流れをよくお聞きしてからアドバイスをすることになります。じっくり話を聞くということからもわかるように，家族に対するかかわりの原則は，急いではいけないということ

です。面接でも電話でも急かさずにじっくりと聞くこと，すぐに結論を出そうとしないことです。1回の面接に1時間はかかると考えてください。これまでの経験では，電話での相談の場合で，最高3時間ということもありました。

　ひきこもりの場合も，不登校同様，サポートするための社会資源が少ないことが問題です。NPO，家族教室，家族会などができて来てはいますが，まだまだ十分ではありません。

[2] 本人への対応

　本人とのかかわりですが，本人にとって家族以外の援助者とかかわることはうれしいことではなく負担に感じることです。本人への対応として，私の場合，多くは訪問してになりますが，会えた場合には，「会えただけでよかった」というメッセージを伝えるようにしています。

　ほとんどの場合，本人は自分がつらい状況にあることは知っていますし，なんとかしなければいけないとも考えています。ですから，そんな相手に対して「大変だったね」と同情してみたところで，うまくはいきません。

　まずは世間話をする，そこで本人が何に興味があるのかを知ることです。長い間ひきこもっているからといって，何も知らないわけではありません。テレビもよく見ていますし，たいていはお風呂にも毎日入っています。最近ではパソコンを使ってインターネットで情報を検索し，世の中のことを知識としては実によく知っている子もいます。メールをしている子は多くはありませんが，教えればすぐにできるようになるものです。メールの交換から状態が改善した経験もありますが，改善するまでの段階では1日20通あまりのメールが送られてきて，対応が大変だったこともありました。

また，実際には1回会っただけで，もう会いたくないと拒否されてしまうことも残念ながらあります。人を代えるか場所を代えるか，時間がたつのを待つかを考えて方針を決めます。場所については，家庭を訪問しての相談（家族には来てもらいますが本人は出られないので）が多いために，家以外に代えるということは困難ですが，家の中でも，たとえば居間やベランダなどというように，本人がよりリラックスできる場所に代えておこなうことは可能です。

［3］ひきこもりから脱出させるには
●──本人の中に小さな変化を起こす

　不登校の時に心に小さな波を立てるのと同じことで，あれができるといいな，これができるといいなという小さくとも具体的な目標を本人と一緒に立てることが効果的です。本人は，ひきこもってはいても現状を変えたいという意欲はもっているものです。しかし，その状況を変えられないでいることに対しての焦りがありますから，小さな変化が重要なのです。そのきっかけの多くは会話ですが，直接言葉を交わすことが難しい場合は，紙に書くという方法もあります。命令や無理に説得をすることは，多くの場合逆効果ですから，最初は，ごく短い「おはよう」「こんにちは」のあいさつから始めるとよいでしょう。

　たとえば，部屋の外まで食事を持って行く時に「おいしかったらおいしかったって書いてね」と書いた紙を食事と一緒に置いてもいいと思います。それに対して，何かが返ってくればコミュニケーションの始まりです。紙に何かが書いてあれば，そこから何かが変わっていきます。もちろん家族との会話が可能であれば，毎日30分でも話をすることにして，何が起こっているかということを少しずつ知らせるようにするとよいでしょう。

●──強硬手段をとる

　経済的，空間的援助を打ち切る，追い出すという対応もあります。ひきこもっていて日常の生活では変化を見せなくとも，保護者が病気になった，災害にあったなどの非日常の場合にはなんら問題なく外部と対応できることがあります。ただし，事態が落ち着けば，元に戻ってしまいますが。

　何かのきっかけをつかんで追い出すことも選択肢の一つではありますが，実際に強硬手段をとった場合に，起こるかもしれない暴力を含めてどう対応するのかを具体的に考えてから，実行する覚悟を決める必要があります。

●──家庭内暴力がある場合は

　家庭内暴力がある場合，やり返すわけにもいきませんので，基本は逃げることに尽きます。暴力を振るったから本人が元気になったり，バットを振り回したからよくなったりということはありません。本人にしてみても，暴力を振るってそれですっきりするとか，ストレス解消になるというわけでもないようです。とにかくやめてくれと話をしてみて，それでだめなら逃げるしかありません。ただし，仮に逃げて出てきたとしても，たとえば，ポストに手紙を入れておく，メールをするなど，コミュニケーションがとれるように手を打っておくことが改善につながる場合もあります。

　また，実際に暴力が起きてもいないのに，暴力を振るわれた場合を想定して恐怖を感じて逃げてしまう方もおられますが，ただ逃げてしまっては何の解決にもなりません。

［4］ひきこもりのその後

　ひきこもりが長期的にどうなっていくかということは，実際のとこ

ろは誰にもわかりません。全体としては，ひきこもりのその後はそれほどよいものではないだろうと考えられています。思春期について言えば，私がこれまでかかわってきた11人のうち，5人は社会復帰し，学校にも行くようになりました。このように，実際にひきこもりから脱出することもあるのですから，希望を捨てる必要はありません。

　何がきっかけで，ひきこもりから脱出するのか，私にも実はよくわかりません。しかし多くのひきこもっている方たちは，ひきこもっている状況を,「それでいい」とは思っていません。「何とかしたい」「何とか変えたい」とは考えるのですが，考えているうちに時間だけが過ぎて行き，そしてそのままの状態が続きます。最初にお話したように「さざ波」を立てることは大切だと思っていますし，私も相談に乗るときには「さざ波」になろう，「大波」にはなるまいと心がけています。そんな中で，うまく波長があってきたなと確かに感じることがあります。それまでよりも，たくさん話してくれる，表情が穏やかになってきた，そうしたことを感じたときには，脱出の可能性が高いと感じています。

　願わくは，ひきこもりから脱出した人たちが自分のことをみんなに話してくれるようになればいいのですが，元気になってしまうと，意外にも普通の人よりもずっと活動的になってしまい，過去には目を向けたがらなくなるようです。

［参考文献］
* 1——『不登校とその対応』沢井稔　小児科診療　68：75 - 80　2005
* 2——『不登校・ひきこもりの現況と対策』平岩幹男　「小児科の新しい流れ」先端医療技術研究所　p198 - 201, 2005
* 3——『不登校―その後』森田洋司［編著］教育開発研究所　2003
* 4——『ひきこもり救出マニュアル』斉藤環　PHP出版　2002

第4章

抑うつ状態,不定愁訴は思春期にも多い

1. 抑うつ状態の思春期の子は多い

［1］抑うつ状態とうつ病

　うつ病は，わが国でも一般的な精神疾患であり，うつ病の生涯有病率（一生に一度はかかると考えられる率）は 13 〜 17％，軽症例を含めるとその数字よりも多くなると推定されています。しばしば混同されがちですが，抑うつ状態とうつ病とは同じではありません。

　抑うつ状態は，気力や意欲の減退や頭痛，腹痛，睡眠障害などの不定愁訴をともないやすい状況が一定期間続く状態をいいます。この抑うつ状態が強くなれば，医療的な治療の対象となるうつ病になる危険性は高くなります。

　思春期のうつ病や抑うつ状態については，わが国でも 1990 年代から検討がおこなわれるようになってきましたが，うつ病そのものよりは抑うつ状態についての検討が中心でした。これは抑うつ状態の判定にはアンケートなどの方式を用いることが可能ですが，うつ病の診断をするためには実際に面接して診断する必要があるため，マンパワーの問題などから大規模な疫学調査がわが国ではおこなわれてきませんでした。

　最近，子どものうつ病の研究をされている北海道大学の傳田建三先生たちがおこなった面接の報告がされていますが，それによれば中学校 1 年生の 4.1％ がうつ病であったということでした。それ以外にはうつ病についての疫学調査はなく，アンケート方式を用いた抑うつ状態についての調査が主となっています。思春期の子どもたちの抑うつ状

表 4-1　大うつ病エピソードの診断基準

A 以下の症状のうち 5 つまたはそれ以上が同じ 2 週間のうちに存在し，病前の機能からの変化を起こしている；
これらの症状のうち少なくと一つは（1）または（2）である．

(1) その人自身の言明(たとえば悲しみまたは空虚感を感じる)か，他者の観察(たとえば涙を流しているように見える)によって示される，ほとんど 1 日中，ほとんど毎日の抑うつ気分　　【注】小児や青年ではいらいらした気分もあり得る
(2) ほとんど 1 日中，ほとんど毎日の，ほとんどの活動における興味，喜びの著しい減退
(3) 食事療法をしていないのに，著しい体重減少，あるいは体重増加(たとえば 1 か月で体重の 5% 以上の変化)，またはほとんど毎日の食欲の減退あるいは増加
(4) ほとんど毎日の不眠または睡眠過多
(5) ほとんど毎日の精神運動性の焦燥または制止(いらいらや落ち込み)
(6) ほとんど毎日の易疲労性(疲れやすさ)，または気力の減退
(7) ほとんど毎日の無価値観，または過剰であるか不適切な罪責感(自分がいるからうまく行かないなどの考え)
(8) 思考力や集中力の減退，または決断困難がほとんど毎日認められる
(9) 死についての反復思考(死の恐怖だけではない)，特別な計画はないが反復的な自殺念慮(願望)，自殺企図(未遂)，または自殺するためのはっきりとした計画

B 症状は混合性エピソード(そう状態と抑うつ状態を繰り返している場合をいいます)の基準を満たさない

C 症状は臨床的に著しい苦痛または社会的，職業的，またはほかの重要な領域(学校も含む)における機能の障害(たとえば不登校)を引き起こしている．

D 症状は，物質(薬物乱用，投薬)の直接的な作用，または一般身体疾患(たとえば甲状腺機能低下症)によるものではない．

E 症状は死別反応ではうまく説明されない．

態については，CDI（Children's Depressive Inventory）という方法を用いて，子どものうつ病の研究をされていた福岡教育大学の村田豊久先生たちが報告しています．その結果によれば，22%に抑うつ傾向が認め

られ，5.6%にうつ病が認められたとされています。Birlesonの自己記入式抑うつ評価尺度（DSRS-C）という方法を用いた，前述の傳田先生たちの報告では小学生では7.8%，中学生では22.8%に抑うつが認められたとされています。

　うつ病についてはいろいろな診断基準があり，診断するための状況（エピソードといいます）があります。代表的な基準はアメリカ精神医学協会によるものですが，ここではうつ病を大うつ病として扱っています。前頁の表4-1がエピソード基準です（一部わかりにくい部分は省き，解説を入れました）。なお，大うつ病とは，major depressive disorderを訳した表現ですが，一般的に使用される「うつ病」とほぼ同じと考えてよいでしょう。

　この大うつ病エピソードは繰り返して起きることもあり，実際には気分の高まりと低下を繰り返す躁うつ病（双極性気分障害ともいわれる）の症状としての「うつ」も存在しますので，思春期の場合には区別が困難なこともあります。

［2］うつ病の子どもは外来では少ない

　抑うつ状態は生活の質に影響し，自殺においても重要な因子であることは知られていますが，一般の小児科外来を訪れる子どもたちの中からうつ病の子どもたちが発見されることは，それほど多くはありません。内科の外来を訪れる成人が外来でしばしばうつ病と診断されていることに比べると，あまりの少なさに不思議な感じすらします。

　成人の場合には，不眠，食欲不振，倦怠感，原因不明の疼痛が「うつ病」の代表症状とされており，軽症うつ病も含めれば大部分の患者さんがこれらのことを訴えて主に内科を受診しています。診察の過程でうつ病の存在が明らかになって治療がおこなわれたり，専門医を紹

介されたりすることになります。しかし，子どもの場合には，睡眠や食欲に関連した症状がみられることが多いのですが，成人ほど一定の方向性がありません。成人の不眠とは逆に，睡眠時間が長くなって過眠になっている子どももいれば，食欲不振と逆で過食になって体重が増加する子どももいます。しかし，気分の落ち込み（裏返しでのいらいら）や感情表現の低下，悲しみの感情の増強などうつ病の基本症状は大人と同じようにみられます。

　実際，抑うつ状態にある子どもたちは少なくないのに，外来でうつ病と診断される子どもたちが少ないのは，なぜでしょうか。

　私の考えている答えは，以下の通りです。子どもにとって小児科の外来を受診するということは，たとえ中学生であっても保護者の同意や指示がなければできません。うつ病の初期には頭痛，腹痛，不眠，イライラなどの不定愁訴が中心で，気分の落ち込みもしばしばみられます。こうした症状は，自分では強く感じていても周囲からは認識しにくい症状です。ですから症状があっても保護者がそれを病気，あるいはその可能性があると認識しなければ受診にはつながらないのは当然です。医療機関を受診する代わりに，「気のせい」「もっとがんばって」などという言葉が抑うつ状態の子どもたちに浴びせられている可能性は少なくありません。うつ病の治療にとって，励ますことが勧められていないことを考えあわせれば，抑うつ状態にある子どもたちの多くが医療的あるいは心理的ケアを受ける代わりに，抑うつ状態を悪化させるような状態に置かれている可能性があるとも考えられます。

　ですから大切なことは，子どもにもうつ病が存在すること，そしてどのように対応すればよいのかをもっとみんなに知ってもらうこと，そして，子どもの不定愁訴を軽視してはならないことを訴えていくことだと考えています。

いまどきの思春期問題

[3] 青少年保健行動調査の中での抑うつ状態の調査

第1章でも触れた小学校5年生から中学校3年生までの調査の中で，自己記載式抑うつ尺度（SDS）の20問を15問に縮小して質問し，抑う

表 4-2　実施した SDS の質問項目（著者和訳）

	1.なし，たまに	2.ときどき	3.しょっちゅう	4.いつも
①自分は気分がわるくすっきりしません	□	□	□	□
②朝は自分の一番気分のよいときです	□	□	□	□
③泣いたことや泣きたくなることがあります	□	□	□	□
④夜，よくねむれません	□	□	□	□
⑤前とおなじくらい食事を食べています	□	□	□	□
⑥わけもなく疲れることがあります	□	□	□	□
⑦自分は気分がよく，すっきりしています	□	□	□	□
⑧何かをするとき，いつもどおり気楽にできます	□	□	□	□
⑨自分は落ち着きがなくじっとしていられません	□	□	□	□
⑩自分の将来に対して希望をもっています	□	□	□	□
⑪いつもより，いらいらしていると思います	□	□	□	□
⑫気楽になにかを決めることができます	□	□	□	□
⑬自分は役にたち必要な人間だと思います	□	□	□	□
⑭自分の生活はかなり充実しています	□	□	□	□
⑮いつもより心臓がどきどきします	□	□	□	□

合計点

（表の説明）この15問に対して 1. なし，たまに，2. ときどき，3. しょっちゅう，4. いつも，の4つの区分に○をつけてもらい，質問①③④⑥⑨⑪⑮はそれぞれ1～4点を，そのほかの質問はそれぞれ4～1点を付与しました。したがって得点は15点から60点に分布します。得点が高くなると抑うつ状態が強くなり，41点以上を抑うつ状態，46点以上を強い抑うつ状態と判定しました。

つ状態とその背景についての検討をおこないました（表4-2）。

図4-1に男女の結果を示しました。SDS得点が高くなると抑うつ状態が強くなるわけですが、二つの比較で明らかなように抑うつ状態は女子のほうが強く、男子全体では11.4％、女子全体では16.1％に認められます。強い抑うつ状態は、男子では2.1％、女子では4.0％でした。

次に学年別の得点分布を図4-2に示しました。学年が上がるにつれて抑うつ状態を示す子どもたちが明らかに増加しています。中学校3年生では13.0％が抑うつをそして4.5％が強い抑うつ状態を認めていますが、小学校5年生ではそれぞれ9.9％、1.7％でした。

図4-1　SDS得点分布

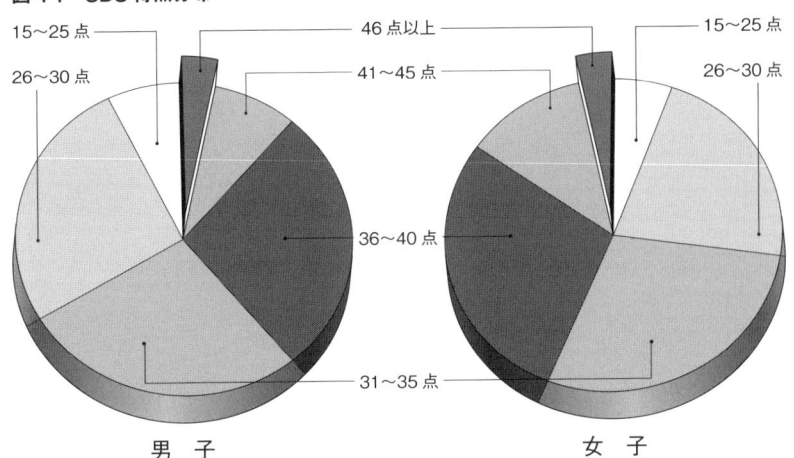

図4-2　学年別のSDS得点分布

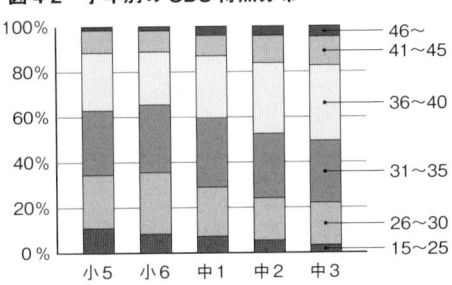

抑うつ状態が思春期において成人よりも高い頻度になるのではないかということは，私の調査だけではなく琉球大学の高倉実先生の調査や先に紹介した村田先生たちの調査でも示されており，抑うつ状態は思春期のさまざまな問題を考えていく上で大切であると感じています。そして，ただ抑うつ状態の問題だけを考えるのではなく，どのような背景があるのかを知っておくことも大切です。

　この調査では，別の章でも述べましたが，抑うつ状態のほかにも多くの質問をしていますので，そうした質問と抑うつ状態との関連性を見てみたいと思います。

　まずは，自分の健康状態の評価についての回答結果との関連です。図4-3に示したように，健康状態の評価が悪くなるとともに抑うつ度が強くなる傾向がみられました。たとえば，「とても健康」と答えている子のうち5.6％に抑うつ状態が認められますが，「ぜんぜんだめ」と答えている子でみると，61.8％にものぼります。すなわち，抑うつ状態が強くなるにつれて自分の健康状態の評価は悪くなっていることがわかります。ここには示していませんが，「自分が現在幸せであると感じるかどうか」という質問への回答（第1章p.6 参照）とSDS得点との関連を検討すると，幸福感が低下するにつれてSDS得点は上昇していました。すなわち，健康評価の低下と幸福感の喪失はともにSDS得点の

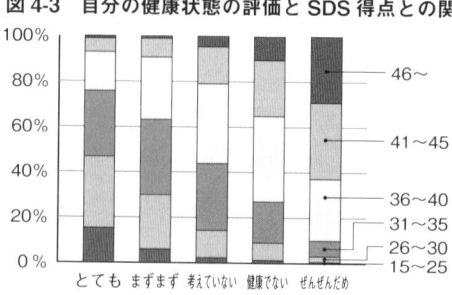

図4-3　自分の健康状態の評価とSDS得点との関連

上昇，つまり抑うつ度が強くなることに関連していました。

次に「朝，登校時にすでに疲れを感じるかどうか」という質問（第1章p.7参照）とSDS得点との関連を図4-4に示しました。疲れを感じる割合が増加するとともに抑うつ度が強くなる傾向がみられました。すなわち疲れを「感じない」と回答した子どもたちのうち，4.2％が抑うつ傾向ありと判定されましたが，「毎日感じる」と回答した子たちのうち，38.1％に抑うつ傾向がみられました。小中学生が朝，登校するときにすでに疲れを感じること自体問題だとは思いますが，疲れを感じる頻度が高くなれば明らかに抑うつ度も強くなっています。

最近，抑うつ状態と肥満の関連についても報告がみられるようになりました。スウェーデンのウプサラ大学で思春期の子どもたちの研究をしているショーベリ先生たちは，15歳，17歳における肥満が抑うつと関連すると報告していますし，アメリカのノースイースタン大学で思春期の子どもたちの問題を研究しているフランコ先生たちは16歳，18歳での抑うつは21歳時点での肥満に関連し，思春期の抑うつは成人肥満につながると報告しています。そこで私も検討してみました。その結果，自分の体重を減らしたいという希望とSDS得点とが関連していることがわかりました。これらをまとめて考えてみると，抑うつ状態では肥満に対する拒否感があるものの，実際には肥満になりやすい

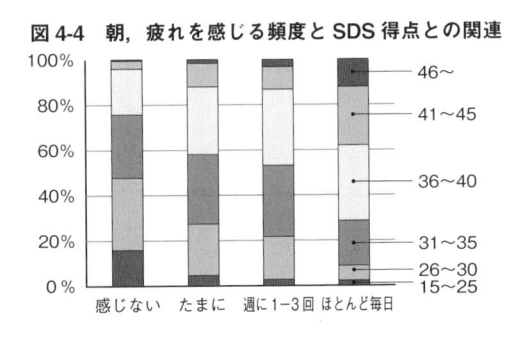

図4-4 朝，疲れを感じる頻度とSDS得点との関連

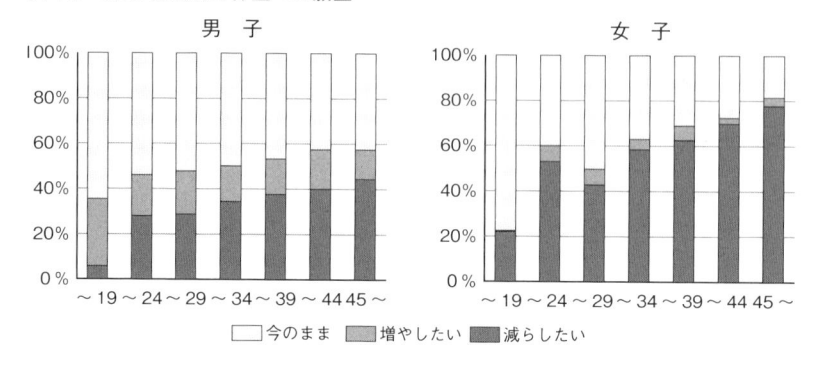

図 4-5　SDS 得点別の体重への願望

　ともいえます。

　SDS 得点が上がるにつれて体重を減らしたいという願望が男女とも，とくに女子では増えてきます。体重を増やしたいという願望は女子ではほとんどありませんでしたが，男子では体重を増やしたいという願望はSDS得点が上昇するにつれて減少していました（**図4-5**）。これらのことから，実際の体重には関係なく，抑うつ度が強くなるとやせたいという願望が強くなる傾向があることもわかります。

　このほかにも，多くの質問項目と SDS 得点との間に相関が認められました。たとえば不定愁訴との関連では，頭痛，腹痛，不眠などの症状の頻度について質問しましたが，感じる頻度が上昇するといずれも明らかにSDS得点の上昇を認め，抑うつ度と関連していました。不定愁訴の存在は，抑うつ度が強くなることと同様に日常生活の質に影響しますので，大切な問題です。

　友人については，親友の有無はSDS得点と有意の相関はみられませんでしたが，「ひとりぼっちだと感じることありますか」という質問との関連では，ひとりぼっちと感じる頻度が上昇するにつれてSDS得点が上昇していました。すなわち孤独感も抑うつ度に関連しているといえます。

飲酒と喫煙について中学生を対象としてSDS得点の高い群と低い群に分けて検討したところ，飲酒ではSDS得点の高い群（抑うつ度が強い群）では週に1回以上の飲酒習慣のある子どもが多く，喫煙では喫煙歴なしの割合が低いことがわかりました。

　成人では，抑うつ状態になれば，社会生活に支障が起き，家庭でも問題を抱えますし，職場でも問題を抱えやすいことは誰でも知っていますから理解が得やすいといえます。しかし思春期では，抑うつ状態にいる子どもたちがどの程度いるのかさえ，わが国ではわかっていませんでした。はじめに紹介したように，最近では抑うつを感じる頻度の調査はおこなわれるようになってきましたが，調査対象数の多い，生活の背景を含めた調査はおこなわれてきませんでした。

　そこで，私がおこなってみた調査の結果についてお話してきたわけですが，結論から言えば，抑うつ状態が社会生活だけではなく，生活の質に影響を与えることは，思春期でも成人と同じように起きているということです。しかしながらその事実はあまり知られていませんし，生活上の問題の背景に抑うつがあれば，当然のことながら対処していく方法も変わります。

　抑うつ状態は，「もしかしたら」と疑うことから，その存在を知ることができます。私は思春期の子どもたちの相談に乗るときには，必ずそれを考えていますし，もし抑うつ状態があれば，次にお話しするような対応，場合によっては治療をおこなっています。

2. 抑うつ状態, うつ病への対応のポイント

[1] 相談の場では

　相談の場所や外来診療などで, 抑うつ状態やうつ病と診断された子どもたちと話すときのポイントです。まず騒がしいところでは, 話はできません。静かで落ち着ける場所を選び, 時間をかけて話を聞きます。室内ではなく公園などを使うこともあります。子どもが話し始めたときにはさえぎったり, 途中でコメントをしたりしないことも大切です。中断されると二度と話さなくなってしまうことがあるからです。また, ほかの相談機関でそうした対応をされてから, 私のところに相談に来られた場合もありましたが, そうした子どもが自分で話すようになるまでには, かなりの時間がかかります。

　「はい」「それで」など簡単にあいづちを入れながら話したいだけ話してもらいます。本人が途中で涙ぐむこともありますが, 黙ってティッシュを出す程度です。ついてきた保護者が口を出す場合には, 子どもが嫌がらなければ保護者には外に出てもらいます。

　面接を繰り返しているうちに, 診断もつきますし, 対応も決まってきます。思春期特有の心の揺れが大きくなって抑うつ状態に陥っている場合もありますので, 経過を見ながら考えていくことも大切です。

　神経学的所見をはじめとする身体所見はなるべく最初に抑えておくことが望ましいのですが, まず状況を把握し, 今後の方向性を考えることが中心ですから, 子どもの話を聞くこと以外の治療的アプローチは急ぎません。もちろん, 実際の自殺企図や自傷行為がみられる場合

には入院を必要とすることが多く、精神科専門医に連絡することになります。

　抑うつ状態にはなっているけれども「うつ病」とは診断できない子どもたちもいます。うつ病ではなくても抑うつ状態にはなっているので、これらの子どもたちに対しては十分に時間をかけて話を聞くこと、家族や時には学校とも話をして環境の調整を図ることなどで改善することもあります。わが国では安易に薬物治療がおこなわれる傾向がありますが、相談という場のもつ役割は軽視できません。

［2］抑うつ状態はいろいろな病気でもみられる

　抑うつ状態がみられていても、うつ病と区別しなくてはならない病気が、思春期でもたくさんあります。身体的なものとしては脳腫瘍やてんかん、甲状腺をはじめとするホルモンの病気、自己免疫疾患（自分の体の一部に抗体を作る、リウマチなどが含まれる）などでも抑うつ症状はしばしばみられます。

　またうつ病以外の精神的な病気としては、外傷後ストレス障害（PTSD）、境界型人格障害（第6章：リストカット）、統合失調症の初期、発達障害（第12章）、児童虐待、アルコール依存や薬物乱用（第11章）などでもみられることがあります。これらの病気については、話をしながら、また、時には血液検査などをおこないながら、うつ病と区別していくことになります。

［3］思春期のうつ病の治療

　うつ病の治療といえば、成人に限らず思春期でも最近はすぐにSSRI（選択的セロトニン再吸収阻害剤、商品名：デプロメール、ルボックス、パキシルなど）が投与される傾向があります。有効であれば長期的に安定を望む

ことができる，眠気やふらつきが少ないなど従来の抗うつ剤よりも優れている点も多いのですが，便秘や食欲不振などの消化器症状がみられやすいほか，初期にはいらいらが増強するとか，自殺を試みようとするなどの行動異常も報告されています。また，効果が出るまでに2〜4週間かかるという問題もあります。私はなるべく少量から開始すること，2週間くらいで状況をチェックすることをお勧めしています。

しかしながら，根本的に状況を改善するためには，薬物療法だけではなく，子どもと十分に話をすることが生活上のアドバイスをする上でも，見通しをつける上でも欠かせません。ですから，診療にはかなりの時間がかかります。

実際の例をお話しましょう。初回の相談には，だいたい1時間かかります。もし，薬を処方をした場合には，副作用の問題がありますから，2週間以内にはまた診察します。これは30分程度です。改善してきたなと思っても，また落ち込んでしまうこともしばしばありますので，おおむね最初の3か月くらいは2〜3週間隔で診察をしています。もちろん，診察と診察の間に子どもや家族が不安になることも少なくありません。そうした時には，メールも活用します。多くの子どもたちや保護者は携帯電話を持っていますし，メールが可能です。困ったとき，わからないときにはメールは有効だと考えています。1日に何通も来ることがありますし，同じ質問が毎日繰り返されることもありますが，パソコンを1日に2〜3度はチェックし，返事を書くようにしています。

自殺を試みる，立ち上がることもできない，食事もとれないというような場合には緊急性があると判断して入院を勧めていますが，思春期のうつ病の入院治療ができる医療機関は，わが国ではまだまだ少ないという問題もあります。

3. 不定愁訴も多い

［1］不定愁訴とは

　不定愁訴という表現は古くから用いられていますが，不定とは症状が一定しないこと，愁訴とは好ましくない症状の訴えとされています。自分の訴えである自覚症状が中心であり，外から見てわかる他覚的症状が少ないことも特徴ですので，病気とは認識されていないこともありますし，子どもたちが何かをしたくないときに嘘で症状を訴えることもあります。成人では自律神経の症状として扱われてきましたが，最近では不定愁訴をきっかけにうつ病などの精神的な病気と診断されることも少なくありません。

　思春期には不定愁訴が多くみられることについてはいくつもの報告がありますが，最近では外来診療をおこなっていても，身体症状の少ない不定愁訴に出会うことが多くなっています。多い症状としては，頭痛，腹痛，腰痛，背部痛などの「痛み」の症状であり，次いで不眠，全身倦怠感，疲労感，めまいなどの全身症状が訴えとして聞かれます。不定愁訴があると，子どもの生活の質に影響しますし，抑うつ状態になりやすくなることや，さらにはうつ病につながる場合もあり得ます。

［2］不定愁訴を訴える子どもたちは

　私がおこなった青少年保健行動調査でも，不定愁訴と考えられる症状に関する質問をしています。その結果，予想以上に多くの子どもたちが不定愁訴と考えられる症状を感じていることがわかりました。

表4-3 1週間に1回以上，以下の症状を感じている子どもたちの割合(%)

男子	小5	小6	中1	中2	中3	女子	小5	小6	中1	中2	中3
朝の疲労感	19	21	27	26	26	朝の疲労感	13	18	25	26	33
頭痛	17	14	24	16	20	頭痛	20	22	29	26	31
腹痛	19	16	24	27	31	腹痛	24	23	29	27	28
不眠	28	23	22	21	32	不眠	32	33	24	23	25

(平岩幹男,小児科診療 70:1796, 2007より引用)

　朝の疲労感，頭痛，腹痛，不眠の4項目について1週間に1回以上感じている割合を調べてみたのですが，全体としてはどの症状も年齢とともに増加する傾向がみられました。とくに，朝の疲労感については男女とも中学生では25％以上が週に1回以上感じています。

　頭痛は，中学生では明らかに女子の頻度が高く，やはり25％をどの学年でも超えていました。この中には偏頭痛などの病気も含まれている可能性があります。腹痛については小学生では女子に多く，中学生では男女間にはっきりした差はありませんが，中学生では4人に1人以上が1週間に1回以上感じていると答えていました。

　眠れないという訴えについては第10章で詳しくお話しますが，やはりかなりの頻度で訴えています。調査は不定愁訴としてみられやすい症状の一部についてのみ調べましたが，この4つだけでも決して少なくないことがわかります。

［3］不定愁訴を訴える子どもたちへの対応

　抑うつ状態のところでもお話しましたが,不定愁訴に「気のせい」「がんばって」などの言葉が浴びせられていることは少なくありません。これは家庭でも学校でも同じです。時には「うそでしょ」という言葉が出ていることすらあります。

どんなときでも同じです。子どもの声に耳を傾けましょう。うそかどうかはふだんからの話しあいができていればわかりますし，そもそも理解しあっていれば仮病を使う必要もありません。不定愁訴に対して，落ち着いてやさしく接することが，結局は解決への近道でもあります。

　もう一つ問題があります。病気かもしれないと考えて医療機関に連れて行っても，診断がすぐにつくとは限りません。不定愁訴の場合には，考えなければならない病気はたくさんありますし，ゆっくりと話を聞くことも必要です。医療機関に連れて行った保護者は，すぐに診断がついて治療が開始されることを希望しますが，それほど簡単なことではありません。私は最初に時間がかかることや，経過を見ながら判定せざるを得ないことなどについてもお話するようにしていますが，気の短い保護者の方はそれなら別の医療機関に行くとおっしゃる方もいます。

　第12章で詳しくお話しますが，高機能自閉症やADHDなどの発達障害を抱える子どもたちの不定愁訴への対応には，注意が必要です。たとえば，高機能自閉症では流暢に会話することが困難であったり，表情を理解するなど非言語的なコミュニケーションにもしばしば障害があったりするので，しばしば上手に症状の説明ができないこともありますし，症状の経過や子ども本人がどう感じているのかを理解するために時間がかかることがあります。さらに思春期のデータはありませんが，成人の高機能自閉症ではうつ病の頻度が高いことが知られているので，思春期においても不定愁訴の背後にうつ病が存在する可能性を理解しておく必要があります。またADHDでは話が飛んでしまったり，別のことに注意を向けてしまったりするために，時間をかけて話を聞かないと理解できないこともしばしばです。どうせ理解してく

れないという態度を子どもがとることもありますが，それでも時間をかけて話を聞く，これが基本です。

時間をかけていると，思いがけず話がつながってくることが，高機能自閉症でもADHDでも起きてきます。それまでは無駄に過ごしていたように思えた時間が，突然つながりのある時間になります。そうすると，本当は何を伝えたかったのか，何に困っていたのかがわかってきます。発達障害を抱える子どもたちには，「具体的に」伝え，アドバイスすることが重要です。抽象的な概念を理解することは多くの場合に困難ですし，言わなくてもわかるだろうという，いわば以心伝心の対応は禁物です。具体的に対応を伝え，それによって不定愁訴に改善がみられたり，少なくとも理解してもらえたと子どもたちが感じることができれば，実は不定愁訴の半分は解決しているように感じています。

［参考文献］
* 1 ── 『A self-rating depression scale』Zung WWK　Arch Gen Psychiatr 12:63-70, 1965
* 2 ── 『高校生の抑うつ症状の実態と人口統計学的変数との関係』高倉実，平良一彦，新屋信雄　日公衛誌　43：615-623, 1996
* 3 ── 『うつ病』平岩幹男　小児科診療　増刊号　70：suppl.614-616, 2007
* 4 ── 『Obesity, shame, and depression in school-aged children: a population based study』Sjoberg RL et al　Pediatrics 116:389-392, 2005
* 5 ── 『Does adolescent depression predict obesity in black and white young adult women?』Franko DL et al　Psychol Med 35:1505-1513, 2005
* 6 ── 『子どものうつ：心の叫び』傳田健三　講談社　2004
* 7 ── 『こどものうつ病ハンドブック』奥山眞紀子，氏家武，原田謙，山崎透　診断と治療社　2007

第5章

太っていないのに，太っていると感じる…

摂食障害

1. 摂食障害は特別な病気ではない

　摂食障害には，神経性食欲不振症と神経性過食症と，その混合型があります。思春期では，前者の神経性食欲不振症（anorexia nervosa, 神経性無食欲症，食思不振症ともいいます）が多く，そのうち女子が90％以上を占めています。実際，身長と体重のバランスがとれていて決して太っているわけではないのに，「テレビや雑誌のきれいな人たちは，みんな私よりやせている」と感じる子が増えています。そして，その中には自分が異常に太っていると思い込み，食べることに関して障害を起こす子もいるのです。

［1］ 神経性食欲不振症とは

　神経性食欲不振症は，思春期と青年期の二つの発症のピークがあり，青年期に発症した場合は，経過は長引きやすく統合失調症などへの移行も多いとされています。

　アメリカ精神医学協会の診断基準を**表5-1**に示しました。根底には自分のボディ・イメージへのゆがみ（太っていないのに太っていると感じる）や，肥満に対する恐怖心があるとされています。急激な体重減少と月経の停止を主訴として相談や受診に訪れることが多く，頑固な便秘，繰り返す嘔吐の誘発，無気力，浮腫などがみられる場合もあります。体重の減少とやせのほかに，精神的には抑うつ状態に陥っている場合が少なくありません。脳のCTスキャン（コンピュータ画像）やMRI（核磁気共鳴画像）などでは脳萎縮像がみられることが多く，甲状腺機能低

表 5-1 神経性食欲不振症のアメリカ精神医学協会による診断基準

A 年齢と身長に対する正常体重の最低限，またはそれ以上を維持することの拒否（例：期待される体重の 85％以下の体重が続くような体重減少，または成長期間中に期待される体重増加がなく，期待される体重の 85％以下になる）。

B 体重が不足している場合でも，体重が増えること，または肥満することに対する強い恐怖。

C 自分の体の重さ，または体型を感じる感じ方の障害；自己評価に対する体重や体型の過剰な影響，または現在の低体重の重大さの否認。

D 初潮後の女性の場合は，無月経，つまり月経周期が連続して少なくとも3回欠如する（エストロゲンなどのホルモン投与後にのみ月経が起きている場合，その女性は無月経とみなされる）。

下症などの合併もしばしばみられます。体重の減少により生命維持が困難となる状態では，死亡例もあります。

　早期に発見し介入することがその後の生活のためにも重要ですが，実際には子ども自身は病気だと感じていないことが多く，早期の受診や相談は容易ではありません。また，神経性食欲不振症ではなく，脳腫瘍や悪性新生物によって急激な体重減少が生じることもありますし，統合失調症や強迫性障害，うつ病などの精神的な病気が背景に存在することもありますので，体重減少があるからといって，すぐに神経性食欲不振症であると決めつけないことも大切です。

［2］ 子どもたちは，太っていると感じている

　神経性食欲不振症になっていなくても，多くの子どもたちは自分のことを太っていると感じやすい傾向があるようです。私のおこなった青少年保健行動調査でも，小学校5年生から中学校3年生までの男子は，年齢によらず30％以上が太っていると感じています。女子では年齢と

ともに太っていると感じる割合が増加し，中学校3年生では70%近くになっています（図5-1）。

それでは，実際には自分の体重をどうしたいと考えているのでしょうか。体重を減らしたいという答えは，男子の場合，中学生になると減っています。しかし，女子では年齢とともに増加し続け，中学校3年生になると75%にも達しています（図5-2）。この図からもわかるように，女子では体重を減らしたいという欲求を多くの子どもたちがもっています。この中には，実際に太っている女子も含まれていますので，次に，BMI（body mass index：体重kgを身長mの二乗で割ったもの）が正常範囲と思われる女子1,074人での結果を示しました（図5-3, 図5-4）。

図5-1　「自分の体型をどう思っていますか？」に対する回答

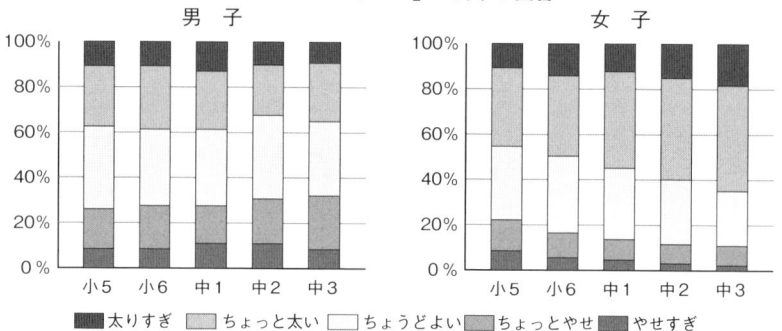

図5-2　「自分の体重をどうしたいですか」に対する回答

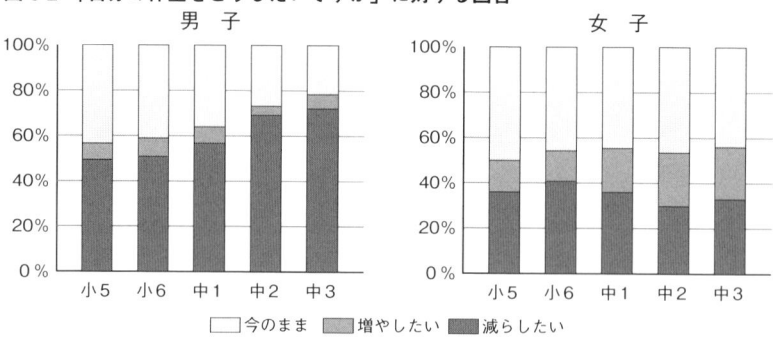

体重が正常範囲であっても58%が「太っている（太りすぎ＋ちょっと太め）」と答えており，65%が「体重を減らしたい」と答えています。数値的には，太っているわけではないのにもかかわらず，半数以上が自分を太っていると思っており，さらに体重を減らしたいと考えているわけです。

この結果からもわかるように，自分のボディ・イメージに対する評価が実際の状態と比べてみてもずれています。確かにテレビや雑誌に出てくる女優やモデルたちはやせていてすらっとしていますし，それにあこがれる気もちもあるでしょう。しかし，正常範囲の子たちに，これだけのやせ願望があるということは，そこに肥満恐怖やちょっとしたきっかけが加わって神経性食欲不振症になったとしても，不思議なことではありません。

そのときに社会が「美しい」「かわいい」の基準としているアイドルやモデルがやせすぎていたら，雑誌の表紙に載っている写真を見るだけで「自分は太っている」と感じるのは，むしろ自然なことです。そう考えると，子どもたち，とくに女の子たちが「自分を太っている」と感じるのは，やせすぎのアイドルやモデルを売り出している大人た

図5-3 体重の自己評価

やせすぎ
ちょっとやせ
太りすぎ
ちょうどよい
ちょっと太い

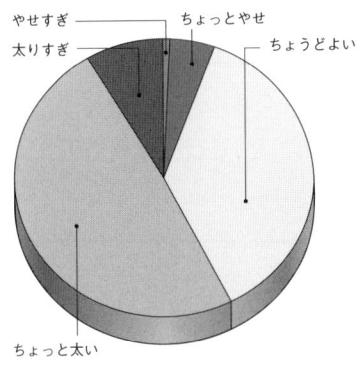

図5-4 体重の希望

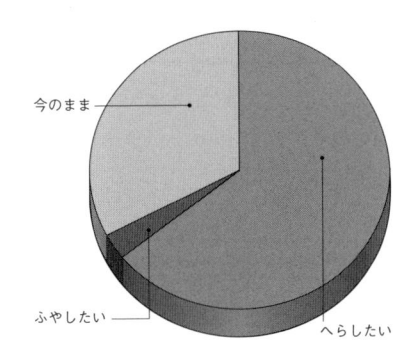

今のまま
ふやしたい
へらしたい

ちの，社会の責任かもしれません。

　現在の社会では，社会として子どもたちをこう育てていこうという意識が十分には形成されていませんから，お金になることを中心とする，良くない意味での商業主義が蔓延しています。実際に体重と身長から計算してみると決して太りすぎているわけではなく，場合によってはやせているにもかかわらず，太りすぎていると感じている子どもたちは，いわば社会の犠牲といえるのかもしれません。

　これが現状です。神経性食欲不振症は，決して特別な子がかかる病気ではありません。誰でも，なり得る可能性のある病気です。また，現代の社会というのは，そうした危険を招きやすい社会でもあるということです。

　実は，これはわが国だけではなく世界的にみられる傾向で，実際問題視されています。こうした状況を考慮して，出演モデルのBMIが18.0以下だと出演させないなどの措置をとるファッションショーも出てきています。しかし，わが国では今のところ何の規制もなく，私から見ればやせすぎではないかと思うような女優やモデルのグラビアなどがあふれ，テレビでもそうした姿を見ない日はありません。思春期の女子が抱くボディ・イメージのゆがみは，決して珍しいものではないことを理解しておく必要があります。

　だからといって，太りすぎていると感じている子に，ただ「そんなことはないよ」と言ってみても説得力はありません。相談の場で，子どもが「太りすぎている」と話している時には，私は，本当の太りすぎでなければ，「今でも十分かわいい」ことを伝えています。

2. 摂食障害への対応のポイント

［1］早期発見・早期介入のために

　これまでに，60人以上の摂食障害を抱えた子どもたちとかかわってきましたが，摂食障害は症状が始まってからなるべく早期に治療を開始したほうが重症になることも少ないだけではなく，再発も少ないように感じています。重症になると生命の危険が迫ることも少なくありません。それでは，早期発見・早期介入のためにはどうすればよいのでしょうか。

❖家庭では

　まず，定期的に体重をチェックしてください。思春期の女の子は自分の体重を知られることを極度に警戒しているところがありますから，難しいことかもしれません。あまり嫌がるようであれば，学校での体重測定の結果を確認しておくだけでも結構です。前回の測定値よりも10％以上減少していたら，何かあると考え，なぜ，体重が減っているのか思い当たる理由がないか考えてみます。もちろん，もともと太りすぎていたところをがんばってやせたという場合もありますし，運動を始めたことによる場合もあります。しかし，10％の変化は考えてみる基本の値です。いろいろ考えてみても上記のような理由が思い当たらない場合は，医療機関の受診をお勧めしています。

❖学校では

　学校では，学期ごとに身長，体重の測定をします。そのため，学校でも家庭でのチェックと同様，前回の測定値よりも10％以上減少して

いるかどうかを注意してチェックしてもらうとよいと思います。以前，小・中学校と協力して，身長・体重の学校別のリストを送ってもらい，前回測定値よりも10％以上減少した子どもたちについては注意を呼びかける試みを数年間おこなったことがあります。今は，どこの学校でもパソコンが導入され，これらのデータはエクセルなどの表計算ソフトで管理されていますから，計算やリストアップは簡単です。全体としてのデータ管理は個人情報などの問題から続けられなくなりましたが，集計していた数年間の間に3人の神経性食欲不振症の女子を早期発見することができました。いずれも外来での相談や治療を続けることで比較的短期間に回復しました。

　学校においてもこうしたチェックをおこなうことは，早期発見のために効果的だと思います。

［2］相談の場で気をつけること

　まず，何といっても本人と直接話をすることです。とはいえ，多くの場合には保護者に連れられて受診することが多いうえ，本人からは何も話しません。本人が話し始めるまでには数回の面接を要することもありますが，保護者と本人の面接を時には一緒に，時には別々におこなうなど，少しでも本人がリラックスして話ができるように努力します。

　面接では指導することが目的ではありません。食べれば治るからと食事を強制したり，体重を毎回測定して厳重に管理したりすることでは，それが目標として共通認識されている場合を除いては，精神的安定にはつながりにくく，経過が長引くように思われます。基本は，回を重ねて話をする中で本人との信頼関係を築くように努力し，食事や生活についての小さな目標設定から始めるとよいと思います。本人が

食べることを強制されていると感じるのではなく,「相談者は私を否定しない」と感じることが継続の鍵でしょう。

　私は,最初の段階からノートに食べたものを書いてもらうことを勧めるようにしています。内容についてのコメントや指導は,本人が聞いてくるまで何もしません。ただ,食べたものを書くだけです。この記録が数か月たまり,状態が改善してきた時に見返すと,本人からはさまざまなコメントがあふれてきます。このノートが,あのときはこんなふうだった,あんなふうだったというように,自分の行動に対する気づきを誘導する役割を果たしてくれます。

　改善への流れをつかむには,来所しての相談だけでは困難な場合もあります。来所しての相談では,回数的にも時間的にも制約を受けやすいため,それだけでは足りないことがあります。そんなときに,電子メールがなかなか良い働きをしてくれます。本人が,精神的に揺れているときには1日にたくさんのメールを送ってくることもありますが,できるだけ早く対応するように心がけています。また,いくらメールでやりとりをするとしても,それは,あくまでもつなぎの手段の一つです。最終的な回復に向かっていくためには,本人と面と向かって話をしていくことが,大切なことであることを忘れてはなりません。

　もちろん,来所して相談できないといっても,血圧が低下していたり,衰弱して立って歩くことが困難であったりするなど,身体的に問題がある状況であれば,すぐに入院治療になります。

［3］全身状況の確認が不可欠

　神経性食欲不振症と診断するためには,まず,さまざまな身体的な病気や精神的な病気を除外する必要があります。最初のうちに,全身の状況を把握しておくこと,血液検査などで貧血（栄養状態が悪化したり

鉄の吸収が悪くなったりすることからしばしばみられる)や栄養状態(低たんぱくや電解質の異常には注意)，肝機能(原因はわかっていませんがしばしば悪化し，状態が改善すれば正常化します)，甲状腺機能(しばしば甲状腺機能低下症がみられます)をチェックします。徐脈(1分間に時には50以下)がみられることが多いので，心電図の確認も必要です。精神症状や神経症状があればCTスキャンやMRIなどでの脳画像所見も確認します。

　神経性食欲不振症と診断されたら，まずは本人と話をすることが基本となりますが，あまりに身体的な状態が悪い，あるいは生命の危険があるというような場合には，まず身体面での回復に努めます。栄養補給や脱水の改善のための輸液，高カロリー輸液(入院でおこなう)が必要になる場合もあります。薬物療法としては，抗精神薬としてスルピリド(商品名：ドグマチールなど)やSSRI(選択的セロトニン吸収阻害剤，商品名：ルボックス，デプロメールなど)がしばしば用いられます。スルピリドは抗うつ作用があるほかに胃粘膜保護作用や食欲増進作用があることから神経性食欲不振症に使いやすい薬剤ですが，乳房腫大，乳汁分泌などが副作用としてみられることがあり，また長期間使用していると月経の再開が遅れます。SSRIはわが国では比較的簡単に処方されていますが，効果が出てくるまでに2〜3週間かかることや，精神症状としてのイラつきや行動異常が出る場合があります。ハロペリドール(商品名：セレネースなど)などの向精神薬の使用にあたっては悪性症候群(高熱や意識障害が出現し，対応が遅れると死亡することもある)の出現に注意する必要があります。そのほか，嘔吐の軽減に硫酸アトロピン，便秘の改善に硫酸マグネシウムなどを使用することがあります。

　そのほかに甲状腺機能低下症や脚気(ビタミンB_1欠乏症)がみられることもあり，それぞれ甲状腺ホルモン剤やビタミン剤を投与します。そのほかに亜鉛などミネラルの欠乏がみられることもあり，欠乏の場

合には適宜補給することになります。

［4］相談はいつまで続けるか

　一般に，経過が長引きやすいこと，再発が少なくないことから，定期的な相談をいつまで続けるかは考えておく必要があります。状況が改善したから，体重が元に戻ったから，そこで終わりにするということにはなりません。

　初潮を迎えた女子が神経性食欲不振症になった場合には，ほぼ必ず無月経がみられます。そのため，2回続けて以前の周期で月経がみられるまでを相談終了の一応の基準としています。そうした段階になるまでには，日常生活が可能になってから6か月～2年くらいかかりますが，その後は1年に1回程度でよいから話をしにくること，心配になったらまた相談に来ることを勧めています。

　その理由は大きく分けて二つあります。一つは，20歳以降での神経性食欲不振症に比べれば，思春期の場合には再発は少ないと感じていますが，ないわけではありません。再発した場合には，体重が減少し始めた段階で対応することにより，すべてではありませんが，意欲の低下や無気力，無月経という症状に至らずにすむこともあるからです。

　もう一つは，ほかの精神的な病気への移行もあることです。思春期の場合には多くはありませんが，統合失調症や薬物依存などに移行することがあります。統合失調症では，幻覚や妄想などの症状がみられることがありますが，あまりはっきりせず，不眠やいらいらを訴えていることもあります。多くは自分が病気であるという自覚，病識，がありませんので，心配なことがあったら相談に来てくださいということは，家族にも伝えておく必要があります。

神経性食欲不振症から復帰した
美優さんの話

　美優さんは，現在高校1年生で元気に学校に通っています。友だちも多くてクラブ活動も熱心にしています。将来の希望はパン屋さんです。

　小学校6年生頃から摂食障害が始まり，中学校になってから体重の減少が明らかになりました。医療機関に行ってもなかなか診断がつかず，中学校3年生になってからようやく私の外来を受診されました。やせ細っている彼女を見たときの第一印象は「これはかなり大変だな」という感じでした。経過を聞いた限りでは，そのほかの身体的な病気を考えるよりも神経性食欲不振症を考えたほうがよいと判断しました。

　4月に学校で測定した体重は年齢，身長の標準値の－30％で，脈拍は初診のときに安静時で50/分，心電図では不整脈はありませんでしたが，血圧も低めでした。そこから1年間にわたっての美優さんとの日々が始まりました。最初の頃はほぼ毎週，状態が落ち着き始めてからは2～3週に一度，かなり元気になってからは月に一度の外来受診としました。この間の1年間，食事の記録をつけてもらい，体重は外来では一度も測定しませんでした。

　このインタビューは，高校の入学式を控えた4月の初めにおこないました。

私 お母さん大丈夫です。緊張しなくて。最初に美優さんの体重が減って，食べなくなったのはいつ頃でしたか？

お母さん 体重が減ってやせたなと思ったのは，中１の６月ぐらいです。

私 中１の６月ですね。やせたなと思って，最初はどこに行かれましたか？

お母さん Ａ医院です。私の母は，甲状腺の病気をしました。その時にやせていくのを見ていましたので，血もつながっているし，もしかしたらと思って，Ａ医院に相談しに行って病気だと言われました。

私 それは甲状腺機能が低かったと言われたのですか？

お母さん 薬を飲むほどではないけれど，ちょっと低いと言われました。

私 それからどうしましたか？

お母さん Ａ病院ではそれ以上はよくわからないということでした。Ｂ病院に甲状腺の先生がいるということで，そちらに紹介状を書いていただいたのが中１の冬です。

私 それからどうしましたか？

お母さん それでＢ病院で検査をしたりもしましたが，血液検査なんかを２か月おきにしながら様子をみてそのままでした。

私 中３までそのままでしたか？

お母さん 中２の１１月ぐらいに，皮下気腫とかになったりしました。Ｂ病院の先生が，いろいろ考えた結果，食欲不振症じゃないかというので，その先生の紹介状で精神科の診療所を紹介されました。そこに行きましたが，女の先生がカウンセリングみたいなことをした後で，今度は入院できる精神科の病院のほうがいいと言われまして，別の病院に行きました。そこでは白衣を着た男の先生の問診を受けて，その後，

おばちゃんのカウンセラーに何回か通いましたが，この子も病院が嫌になってしまいました。

私　お母さんも信頼できなかったのですか。

お母さん　どうしたらいいのかという感じでしたかね。それで中学校3年になって学校から先生に相談されたほうがいいでしょうと言われて，それでお電話で予約しました。本人も病院はもう嫌だと思っていましたが，とにかく予約をしました。

私　本人がそう思うのも当然でしょうね。

お母さん　でも，とにかく1回行ってみようと言いました。だめなら私一人でもいいからとりあえず行ってみようと。結局は美優も一緒に来てくれました。

私　5月2日でしたね。私がお聞きしたところでは小学校6年生から少しずつ体重が減ってきて，中1からだと38キロから28キロに落ちてしまったというような話を，その時にうかがいました。また，中1までは生理があったけれど，その後無くなったということ，便秘があるということもうかがいました。お腹の力がなくて，非常にやせていて，このままではまずいというのが，最初に私が見せていただいた時の印象でした。美優さんは，ここに来たときにはどんな感じでした？

美優さん　結構不安でいっぱいでした。

私　何が不安だったの？

美優さん　だって，どんなことされるのかわからなかった。

私　それまでにいろいろなところに行ったしね。最初に来て，30分ぐらいだったと思いますが，帰るときどんな感じでした？

美優さん　入院しなくてほっとしました。

私　そうですね。入院をしてもおかしくない状況だったのはお母さんにはお話をしましたし，だいたいあの状態であれば，世間一般には10

〜20％死んでしまうといわれているので，結果論ですがそんなことにならなくてよかったと思います。私の経験では今までに自分で拝見していて亡くなったという方はいません。そういう話は最初にお母さんには少しさせていただいたと思いますが，美優さんにはしませんでしたね。ここでは体重を毎回計ることもせず，ただ食べたものをノートに記録することだけをしました。外来では1〜2週に一度しか拝見できないので，心配なことはメールで相談できるようにしましたね。甘いものを食べたら太るのではないかと，最初の頃はよくメールがきました。美優さんも覚えていますが？

美優さん 食べたら太るのかなと思って不安だったので，携帯で何度もメールしました。

お母さん 2学期になってから，保健の先生にまた体重が減っているよと言われて心配になりました。

私 食べるようになったときには，最初は体重が減ることが結構あります。実際，食べて体のバランスが少し良くなり始めるときは，最初少し体重が減って，それから増えてくることがあります。ですから，一番体重が減っている時は，実は一番悪いときではなくて，そこを過ぎてちょっと良くなり始めている時期だと思います。

9月にその話を聞きましたので，保健の先生には余計なことは言わないようにしていただくようお話ししました。こちらにはわかっていることですね。最初の2, 3か月が一番苦労した時期でした。その時期を過ぎて8月には，何とかなるだろうと思っていました。体重が一番少なかったのは9月だと思います。でも実は9月は少しずつ治りかかっているところだったので，体重だけをあまり気にする必要もありませんでした。

私が彼女に言ったのは，食べなさいという話ではなく，こういうバ

ランスにしたほうがいいよという話でしたね。野菜をもう少し食べる，たんぱく質が足りないとか。というのも食事記録をつけてもらっていたので，そういう話はしました。でも，もっと食べなきゃだめだよということは言っていませんし，体重を測ることもしませんでした。

　最初来たときには，美優さんも不安だったと思います。話をする気力も無かったし，自分が今どうなっているのかとか自分のことを説明できなかった。でも今は普通にできます。だから自分のことが自分でしゃべれるようになる，自分の説明ができるようになることが，治るための大前提なので，それができれば一山越えます。発作的に死んでしまうことが，ないわけではありませんが。

　それから前も話したように，摂食障害，神経性食欲不振症だけなのかなということも一緒に考えていました。リストカットなどが一緒に見られることもありますから。ほかの要素が混じっているかどうかも大切で，美優さんの場合も毎回手を見て，確認をしていました。ただ，お母さんに申し上げたように，リバウンドすることがないわけではないので，焦ってなんとかしようとしたり，経静脈栄養といって，血管から大量の栄養を入れてしまうという方法をとったりするよりは，自力できちんと治していただいたほうが，リバウンドは起こしにくいですし，もしリバウンドしても，また一緒に考えていくことができますね。

　食事記録を書いてもらいましたが，去年の5月，6月の記録とこの前の3月の記録とはずいぶん違います。どこが一番違っています？

お母さん　主食におかずが加わっていますかね。

私　そうですね，食品の幅が増えました。最初はなんとか三食を食べているだけでした。3回ごはんを食べているだけで，あとは血糖値が低かったですから，どうしても甘いものがほしくなり，アイスクリームやケーキをせっせと食べていました。6月から9月の4か月の間は，ケー

キを食べたら太るのではないか，アイスを食べたら太るのではないかとすごく気にしていました。だから1日に6回来たこともあるくらい，山のように私にメールが来ていました。でも今年の3月の食事記録を見ると，甘いものももちろん入っているけど，それほどでもない。今はそんなにほしくなくなりました？

美優さん あの時は，なければ買いに行ってまで食べたいっていう感じでした。

私 お母さん，よくなりかけた時に何かそれまでと違うことはありましたか？

お母さん 11月ぐらいでしたか，メールでですけれども，周りに感謝をしだしました。病院に行ってみて良かったと思っているとメールをくれた時は嬉しかったです。あの時にはまだ自分はどうなるかわからないし，高校に行けるのかもわからない時に感謝の言葉を言ってくれたので感激しました。

私 もちろんそのままどこにも行かなかったら，高校に行けることはなかったと思いますけれど，美優さんはどう思っていました？いつ頃元気になってきた気がしました？

美優さん 2学期に入ってからくらいです。高校受験のことを考えて，だったらこのままじゃ無理かなと思って，意識しだしました。結構なんかいろいろできるようになってきて，体がすごく楽になって，それがうれしくて，ありがたいなと思いました。

私 毎回やってもらっていたから覚えていると思うけれど，最初の頃はしゃがんで立つ時に，ひざに手を当てて，そばの机につかまらないと立てなかった。小走りなんてとんでもなかった。座ってから立つ，立った状態から座る，それだけで精一杯でした。それがひざにちょっと手を当てただけで立てるようになり，去年の8月ぐらいからひざに手を

当てなくても，少し立てるようになり，10月，11月には今度は手を離しても立てるようになった。12月ぐらいから，小走りもできるようになり，3月にはついにジャンプもできたわけです。中学校1年生から，いろいろな病院に行きましたが，その時美優さんは自分をどんなだと思っていましたか？病気だと思っていましたか？

美優さん　甲状腺の問題だけかと思っていました。

私　やせて食べられなくなるって病気があることは知らなかった？

美優さん　全然知らなかった。

私　知らなかったね。最初ここで食べられなくなる病気だといわれた時には，どんな気持ちでしたか？

美優さん　驚きしかなかったです。

私　この状態になるのは，しっかりしていて，まじめな子が多いようです。共通しているのは，自分が太っていないのに，太っていると感じる，自分の体のイメージがゆがんでいることです。太っていると友だちにからかわれて，傷ついてなることもあります。そうではなくて，あまり原因がはっきりしなくてもなる場合もあります。美優さんの場合には，なぜなったかがはっきりしませんでしたね。

　最初の頃，診察時にお母さんにいきなり手を出してくださいと言ったことがありました。お母さんは嫌だったかもしれないけれども，お母さんの手と，美優さんの手を並べて見てもらいましたね。あれはイメージを直す練習でした。

美優さん　ふーん。

私　お母さんは「自分ではちょっと太っている」とおっしゃっていましたが，美優ちゃんはお母さんのことを，太ってないと言っていました。並べてみると，本人が考えるでしょう。太ってないと思っている人の手と比べてこんなに違うのはどうしてかな？と考えてもらいました。

お母さん　ふーん。

私　学校のほうでも校長先生が11月ぐらいから，これは治るなと思ったそうです。目が違う，目が嬉しそうだと言っていました。

お母さん　そうですか。

私　校長先生も1月に入ってからはまじめな子だし試験に落ちたらどうしようかとずいぶん心配されていたようでした。

　ここに来てからの1年間は結構きつかったですか？

美優さん　半年ぐらいは，きつかったかな。

私　それはきつかったと思います。現在，中学生だと大体1,000～2,000人に1人くらいが美優さんのような状態になっています。お母さんに話したように，始まって3か月ぐらいで，私のところに来ていただくと対応もしやすいですし治療も比較的楽だと思います。しかし1年以上たってからですと，生理も止まっていますし，感情も不安定になりやすい。それで私自身も結構，苦労することになるようです。

お母さん　そうですよね。もっと早く来ていればと何度も思いました。

私　この間もお母さんにお話したように，この病気では体力の消耗やストレス，ホルモンのバランスの崩れから生理が止まってしまいます。体重や日常生活が元に戻っても，ホルモンのバランスが元に戻るまでには時間がかかります。ですから，生理が2回続けて来ればホルモンの状態も元に戻っていると判定できるので，それまでは診ようというのが私の基本です。最初の頃のことを思い起こせば，体重が少ない，やせているということだけではなく，貧血もあるし肝機能も悪くなっていました。治療とともに貧血も肝機能もそのためには薬を使わずに良くなってきました。神経性食欲不振症で肝機能が悪くなるケースはなぜだかわかりませんが結構多いと思います。原因ははっきりわかっていませんが，おそらく飢えて肝臓がいろいろなものをエネルギー源

として放出してしまいます。本来，肝臓はむしろエネルギーをためる臓器なのですがどんどん身を削って，体を維持しようとします。また，アルカリホスファターゼという酵素が血液検査で測定できます。肝臓の障害や骨の障害で高くなり，成長期にも骨が伸びるので高くなりますが，これが最初はとても低かったです。同じ年齢の子の半分以下でした。これでは背は伸びないだろうと考えていましたが，この数値が去年の10月ぐらいから上昇してきました。そうしたら，背も伸び出してきました。甲状腺に関しては，血液検査では数値は多少低めでしたけれども問題はないと考え，何もしませんでした。

　美優さんは高校に入ったら，何をやりたいのでしたかね？

美優さん　吹奏楽で，マーチング。

私　楽器は何をやりたいの？

美優さん　フルートです。

私　歩きながらフルートをやるのは大変だよ。すごく体力を使うけど，大丈夫？最後に美優さんが，もしあなたと同じような状態にはまっている子を見たら，どうする？

美優さん　自分がつらい思いをしているから，見方はよくわからないけど，自分の二の舞みたいになってほしくないから，ちょっと，アドバイスとか進言とか教えてあげたい。

[参考文献]
* 1 ——『摂食障害のスクリーニングと最近経験した症例の検討』平岩幹男，久保田千鶴
埼玉県医学会雑誌　34:186-191, 1999
* 2 ——『摂食障害を取り巻く子どものこころの問題と治療』沖潤一　小児内科　91-94, 2006
* 3 ——『思春期やせ症の診断と治療ガイド』渡辺久子，徳村光昭[編]文光堂　2005

第6章

リストカットが
やめられない

1. リストカットのいま

［1］リストカットとは

　リストカットは，自殺の方法としては極めて古典的な方法であり，首をつる，飛び降りるなどと並んで，誰でも知っている方法だと思います。そのぐらい，自殺と直結して考えられていたものであり，20年以上前には，自殺の目的としてのリストカット以外が話題になることもありませんでした。リストカットとして認識されていたものは，前述したような自殺目的でおこなうものと，ヒステリー型（リストカットをおこなったことを周囲に見せ，関心をひきつける）の二つだったと思います。

　しかし，最近では，嗜癖(しへき)（はまりこんでいる習慣）と考えられるようなケースにも，しばしば遭遇するようになりました。この場合には，必ずしも前提として死の意識があるわけではないので，自殺企図としてのリストカットとは異なる面があります。しかし，嗜癖に見えるようなリストカットが自殺に結びつくケースも報告されているため，決して安心はできません。

　こうした状況は思春期でも広がっており，社会問題となっています。アメリカでは1960年代に流行したとされ，わが国では1990年代後半から増加したと思われます。リストカットを実行するのはほとんどが女子ですが，時には子どもたちの間で流行するという事態もみられています。そのため，リストカットの問題を抱えて，私のところに相談に来る子どもたちも増えており，とくに，嗜癖としてリストカットを繰り返しているケースが多くなったように思います。

リストカットという行為自体は，自己否定と自己確認の二つの側面をもちあわせています。自分の体を自分で傷つける行為を繰り返すというのは，自己否定の部分です。他人にリストカットそのものを確認してもらうというのは，自己確認の部分であり，そうすることで安心感につながることがあるのです。

［2］情報の氾濫とアクセス

リストカットは，今やインターネットやコミック誌でも取り上げられ，子どもたちは容易に情報に接することができます。たとえば，学校からアクセスできるインターネット環境では，ショッピングやギャンブルなどのページは，通常規制されていますが，検索サイトなどでリストカットをキーワードとして検索することは，いくらでも可能です。実際に検索してみると，約70万件がヒットします。個人のホームページも表示され，リストカットの世界では有名人である子どものページにも容易にアクセスできます。私の調査では，中学生の約40％は自宅でインターネットを使用しており，この子たちは当然のことですが，何の規制もなく情報に接することができるわけです。インターネットだけではありません。コミック誌でもリストカットをテーマにした多くの作品が発表されており，小中学生もこれらに抵抗なく接触しています。これらの情報に慣れ親しんでいくことによって，子どもたちはリストカットを「特別なもの」「死を前提としたもの」という考えではなく，普遍的なものとして捉えるようになってきたと思われます。現実にリストカットの問題で私のところに相談に来た小中学生の大半は，これらのリストカットの情報を実際に自分で試みる前から知っていました。

リストカットについての情報はインターネットだけではなく，書物

でも数多く出版されています。

　たとえば,『リストカットシンドローム』(ロブ@大月 2000) では,思春期を含む8人のリストカットの体験を綴っており,親子関係の問題がリストカットにつながることを指摘しています。『生きちゃってるし死なないし』(今一生 2001) ではリストカットを依存症として捉え,生きていくための手段の一つとして肯定的に扱っていますが,心理的に介入していくことの必要性よりは自傷行為を受け入れる方向を強調しています。『リストカット』(小田晋 2000) は,わが国で最初にリストカットについてまとめた書籍ですが,リストカットを死の本能との関連で取り上げています。私のこれまでの思春期の子どもたちとの相談や面接の結果を考えてみると,思春期の子どもたちのおこなっているリストカットは死の本能との関連はうすいのではないかと考えられます。

[3] リストカットの相談の状況

　今までに,私がリストカットに関する相談を受けた小中学生は,14人になります。全員が女子であり,小学校6年生から中学校3年生までいました。リストカットの開始から相談に至るまでの期間は,1か月の子もいれば1年たっている子もいるというように開きがありましたが,開始後2,3か月での相談がもっとも多かったと思います。

　相談に来所するきっかけは,学校からの紹介が10人ともっとも多く,2人が家庭からの相談,2人が友人からの相談 (友人が別の問題で私のところに相談に来ていた) でした。そのうち,リストカットを始める前に雑誌やインターネットなどでリストカットを知っていたケースは71%で,残りの29%は何となく知っていたと答えていました。リストカットの場所は,図6-1 にも示しましたが,全員利き腕の反対側の前腕内側であり,71%は細く表皮のみを1-3mm間隔で丁寧にカットしており,

図 6-1　リストカット

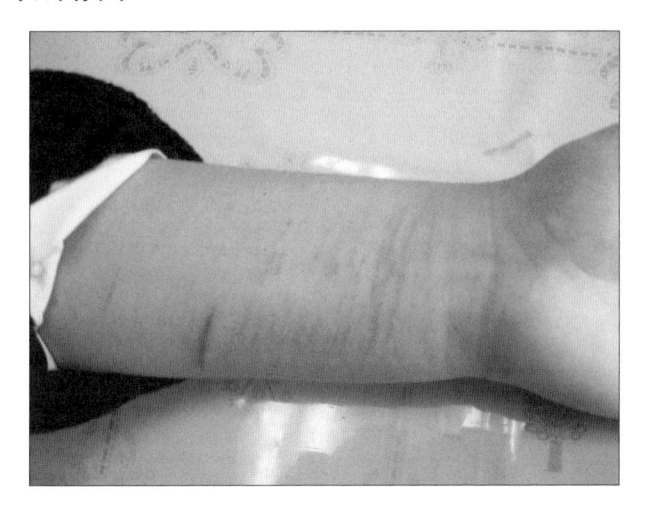

29%はそれに加えてやや深い傷がみられました。使用した用具はカッターが86%、かみそりが14%で、リストカットを実行した場所は学校のみが14%、家庭のみが57%、学校と家庭の両方が29%でした。

　学校でのリストカットは、すべてトイレの中でおこなわれていました。93%の子が自分の部屋をもっており、家庭でのリストカットはすべて自分の部屋でおこなっていました。誰かが見ているときにリストカットをおこなった子どもはおらず、リストカットの後で傷を見せたり、騒いだりした子どももいませんでした。リストカットの傷は包帯、絆創膏、リストバンドなどで覆っており、露出していたケースはありませんでした。リストカット開始の原因がわかっていると答えた子どもは3人で、3人とも友人関係の崩壊と答えましたが、残りは不明あるいは答えがありませんでした。

　リストカットをなぜしようと思ったかという質問に対しては、4人が「よく話をする友人がしていたから」、1人が「携帯電話のメールで知りあった人がしていたから」と答えていました。親友の有無につい

ては，6人は「いる」と答えていました。体の病気が合併していたかどうか調べてみると，気管支喘息が2人，中等度肥満が1人，胃炎が1人で，知的障害のある子どもはいませんでした。児童虐待については把握した範囲の中では明らかにはなりませんでした。
　携帯電話は全員が保有しており，メール友だち（実際に会ったことはないがメールは交換している）も全員がもっていました。そのうち，リストカットをしているメール友だちがいると答えた子は4人いました。メール友だちになったきっかけは出会い系サイトが2人，インターネットが1人でした。
　私のところにきたこれらの子どもたちは，嗜癖ともいえるリストカットが多かったと思います。こうしたタイプの場合，死への意識が必ずしも明確ではありません。自分の体を傷つけているという意識は全員がもっていますが，死そのものに対してはいろいろな考えをもっています。「リストカットを続けていると死ぬと思いますか」という質問に対しては，全員が否定したものの，深く切れば出血量が多くなり，死ぬことがあるかもしれないと話した子どももいました。しかし「死にたくなることがありますか」という質問に対しては，86％が肯定していました。死にたくなることを意識してリストカットをおこなってはいるものの，リストカットそのものは死の手段としては認識していないということのようです。

2. リストカットの裏にあるもの

［1］境界型人格障害の問題

　リストカットの相談に乗っていると，自傷行為に加えて激しい気分の揺れや不安定な感情，そして自分や他人を不意に攻撃するなど，成人の境界型人格障害に該当するのではないかと思われる子どもたちに遭遇することがあります。**表6-1**には，アメリカ精神医学協会の境界型人格障害の診断基準を示しました。この診断基準では，成人早期に症状が始まるとされているため，思春期のケースにそのまま当てはめてよいかは疑問が残ります。成人の場合には成人期早期に始まり，対

表6-1　境界型人格障害の診断基準（アメリカ精神医学協会 DSM−Ⅳ）

①現実にまたは想像の中で見捨てられることを避けようとする気違いじみた努力

②理想化とこきおろしの両極端を揺れ動く不安定で激しい対人関係様式

③同一性障害：著名で持続的な不安定な自己像または自己感

④自己を傷つける可能性のある衝動性（少なくとも二つ）

⑤自殺の行動，そぶり，おどかし，または自傷行為の繰り返し

⑥顕著な気分反応性による感情の不安定性

⑦慢性的な空虚感

⑧不適切で激しい怒り，または怒りの制御困難

⑨一過性のストレス関連性の妄想観念または重篤な解離性症状

人関係や感情の不安定さ，著しい衝動性などがみられ，表6-1（p.91）の9項目のうち5項目以上を満たせば境界型人格障害と診断されます。成人の診断基準であっても，目安として知るためには有効ですから，リストカットの子が相談に来た場合には使うことにしています。私が対応した子どもたちでは，年齢の問題はありますが，71％が表6-1（p.91）の項目を5項目以上満たしていました。成人の境界型人格障害では，経過が長期にわたることが多いとされていますが，思春期のリストカットの問題を抱えている子の場合には，一過性に終わってしまう場合も少なくありません。

　一過性であるにせよ，思春期にも境界型人格障害は存在するように思えます。また，診断基準を満たしているようにみえても，ぱっと抜け出してしまう場合もあります。

［2］リストカットをする子どもたちの親子関係

　リストカットの傷を母親に見られた子どもは6人いました。そのうち4人は母親が強く要求したために見せていましたが，ほかの2人は着替えなどの際に見られてしまったということでした。自分からすすんで見せた子どもはいませんでした。つまり，ヒステリー性のリストカットではないということです。

　母親との面接では，リストカットの話題を家庭で出したり，リストカットについて子どもに聞いたりしたことがあるのは，14人中4人だけでした。全員が気づいてはいるものの怖くて触れられないという母親が少なくありませんでした。「ふだん話しあいの時間が十分にとれていた」と認識している親子はいませんでした。母親のことをどう思うかと聞いたところ，「うるさい，しつこい」と述べたケースが9人いました。また，面接の場所に付き添ってくるのは，圧倒的に母親が多い

わけですが，多くの場合は子どもが面接への同席を拒否するために，親子別々に面接していました。父親について聞いてみると，よく話をするという子どもはおらず，話をしようとする意欲も相談の時点ではみられませんでした。子どもたちに聞いたところ，父親に対しては「ウザい，顔も見たくない」と述べた子どもが7人いました。相談の場で，父親の話が自発的に出ることは，まずありませんでした。

　このように，多くの場合，親子のコミュニケーションが十分ではないと考えられましたが，兄弟となると比較的コミュニケーションがとれているようでした。たとえば，姉のいた3人のうち2人は姉とはよく話をする，家族の中で一番話がしやすいと述べており，リストカットの傷も見せていたほどです。リストカットから脱却したケースでは親子関係が修復されたり，再構築されたりした場合もありましたが，多くの場合，父親との関係は改善されないままのようでした。家族内でのコミュニケーションがうまくいっていないという状況は，リストカットの問題を考える上で大きな問題だと考えられます。

3. 具体的な対応のポイント

［1］相談の場では

　この問題でもやはり，子どもたちと話をすることからです。薬物治療などは状況が十分に把握できた後，必要におうじておこないます。薬物療法をおこなったケースは14人中4人です。2人はうつ病の治療として抗うつ剤を使用し，1人は不眠があったため睡眠薬を，1人は慢性胃炎が考えられたため胃酸分泌抑制剤を使用しました。そのほかの10人は，相談面接のみで経過しました。

　子どもとの初回の面接は，14人中12人は保護者に連れられて来ましたが，あとの2人は私が学校に出向いておこないました。初回の面接時から子どもたちが積極的に話すことは，まずありません。世間話をしながら少しずつ，自分から話し出せるような雰囲気を作っていきます。数回の面接を経て，子どもが自分の言葉で話すようになってくると，自ずと話題にする範囲は広がっていくものです。しかし，家族ではその役割は果たせなかったために，友人や相談をおこなっていた私がその役割を負うことになっていたようです。14人中12人は，リストカットをおこなっている期間の中で私にも傷を見せましたが，2人は最後まで見せませんでした。

　面接の回数や頻度は子どもたちの状態によってさまざまで，最初は週に1-2回，その後は月に1-2回という面接が平均的な回数でした。

　先にもお話ししたように，境界型人格障害の診断基準に当てはまる子も多かったのですが，実際の治療では長期の入院や精神療法が治療

の根幹とされてきた経緯があり，最近では長期の向精神薬などの薬物投与を勧めていることが多いようです。しかしながら，このような治療法は成人の患者に対しておこなうことであり，今回のような思春期の子どもたちの場合には，必ずしも当てはまるとは限りません。したがって成人の場合に推奨されている入院や薬物療法を中心とする治療は選択せずに，基本的には相談を中心にしました。

　思春期には成人に比べてうつ傾向が強いことが報告されており，これについては第4章でもお話しましたが（第4章 p.48参照），今回の子どもたちのうち，うつ病と診断した2人は，面接に加えて抗うつ剤の投与もおこなっています。

[２] 面接の経過

　経過については，観察期間が1か月から2年と子どもによって幅があり，最終的にどのようになったかを判定することは不可能ですが，3か月以上相談をおこなった12人では，最終の相談時にリストカットを続けていたケースが3人（25%），リストカットをしなくなったケースが7人（58%），いったんリストカットをしなくなりましたが，発作的におこなうなど再発したケースが2人（17%）でした。飲酒，喫煙，性非行，浪費などのそのほかの問題行動への移行は，みられませんでした。リストカットを続けていた3人のうち2人は，突然相談に来なくなってしまったので，その後の経過を養護教諭に問いあわせましたが，よくわかりませんでした。

　リストカット以外の行動面での変化は，リストカットをしなくなった7人，および，いったんしなくなった2人の合計9人では，6人に相談の際の会話の内容が明るくなる，母親との会話がスムーズになり，一緒にいることに抵抗がなくなるなどの変化がみられました。しかし，

父親に対する態度や印象の変化は，とくになかったようです。

［3］リストカットをやめれば解決ではない

　リストカットの相談を受ける場合も，最初から子どもとの意思疎通が十分にできるわけではありません。ですから，心理面の評価についても始めから先を見据えながらおこなうようにしています。リストカットをやめれば解決ということではなく，心の問題や心のゆがみを抱えているのだということを念頭に置いた上で，対応をしていきます。まずは話を聞く，相手が話さなくても時間，空間を共有することで次につなげていくことです。

　リストカットそのものについて聞いたり，やめるように話したり，傷を見せるように話したりすることはありません。子どもたちは，時にはうすうすとですが，なぜ相談の場にいるのかということは理解しています。そして多くの子どもたちは，はまってしまった現状を何とかしたいとも考えています。相談者は，とにかく何を言われても受け止めること，批判をしないこと，指導をしないことです。どうやって，子どもたちが自ら考える力を引き出すか，どうやって考えた結果を実行していくお手伝いをするか，相談者にできるのは基本的にはそれだけです。

［参考文献］
* 1──『思春期のうつ，自傷，自殺』高橋祥友　小児科診療　6：1047-1055, 2005
* 2──『リストカットシンドローム』ロブ@大月　ワニブックス　2000
* 3──『Trends in deliberate self-harm in Oxford. Hawton K, Fagg J, Smith S, et al』Br J Psychiar　171:556-560, 1997
* 4──『リストカットをしている』平岩幹男　小児科診療　70：11：1885-1888, 2007

第7章

思春期の自殺, 死にたくなる

1. 思春期の自殺は少なくない

［1］自殺をめぐる状況

　自殺が増加していることから，2006年に自殺対策基本法が制定されました。もちろん，30,000人ともいわれる自殺の中心でもっとも増加しているのは，中高年の自殺ですが，思春期の自殺も少ないわけではありません。子どもの自殺は，2005年の人口動態統計では10－14歳の死因の約7%を占めています。人口10万人あたり，男子では10－14歳で0.7人，15－19歳で7.8人，女子ではそれぞれ0.5人，6.0人が自殺しており，思春期から青年期にかけて増加していることがわかります。警察庁の調べでは，2006年には小学生14名，中学生81名，高校生207名の計302名が自殺をしています。なかには原因のわからないものもありますが，小学生から高校生までを含めれば毎年300人以上が自殺をしているという現状です。

　思春期の子どもたちの自殺が，センセーショナルに報道されるようになったのは，ここ20年間では「いじめ」との関連が主です（第9章参照）。数年おきにいじめが原因とされる自殺の報道があり，そのたびに報道が過熱し問題視されてはすぐに冷めるという状況を繰り返しているのが現状です。

　また，自殺は，連鎖しやすい（群発自殺ともいう）ことが知られていますが，この自殺の連鎖は高齢者の自殺だけではなく，思春期にも起こり得るものです。ですから，自殺が起こった場合に，連鎖をどう防ぐかということも重要な問題です。しかし，この点について，わが国で

は十分な対策がとられているとはいえません。危機管理の問題として，思春期の自殺があった場合には，連鎖を防ぐことも含め，どのように対応を展開するのかをあらかじめ考え対策を立てておく必要があります。

　WHO（世界保健機関）では連鎖を防ぐために，2000年に Preventing suicide a resource for media professionals を発表し，報道において，自殺者の写真や遺書，自殺の方法の詳細，原因の思い込みによる特定などを避けるように勧告しています。これを受けて，わが国でも自殺の報道についての一定の規制がおこなわれるようになりました。以前に比べ，自殺の連鎖は減少してきたとは思いますが，実際の報道を見ていると特ダネ探し的なものも多く，まだまだ十分といえる状況ではないと思われます。また，最近ではインターネットで自殺関連のサイトが紹介されたり，掲示板にプライバシーに踏み込んだ書き込みがされたりすることも問題となっています。今後は，インターネットに対しても何らかの対策を講じる必要があると思います。

[2] 相談の場で必要なこと
●──本人と会って話す

　電話やメールなど，本人の顔が見えない形でメッセージが送られてくることもありますが，学校や家庭から相談を依頼されることもあります。しかし，問題を抱えている子ども本人と会って話を聞かないことには話が進みません。ですから，まずは何とかして会えるようにあの手この手を試みます。

　本人が来所し，実際に顔をあわせることができるようになったら，まずは時間を稼ぐようにします。何より，同じ空間，時間を共有するという既成事実を作り上げることが大切で，このことは家庭での対応

としても大切なことだと保護者の方にもお話しています。

　私の経験では，だいたい最初の10分を一緒に過ごすことができれば，それ以降は，何かを話せるようになっていきます。ですが，10分たつまでの間に，たとえばまったく話がかみあわないとか，嫌だという意思表示をされるとか，あるいは退出してしまうとかいうように拒否されてしまうと，話の糸口すらつかむことができません。だいたい最初の10分が勝負といってもよいでしょう。

◉───段階をふんで話を進める

　最初は，名前や誕生日など本人の意志や考えとは関係のないことを尋ねることから始めます。そうした問いかけに対して，嫌がるでもなく，無視するわけでもなく，もう少し話を進めてもいいような雰囲気であれば，好きな音楽や好きな食べものなど（嫌いなものは聞かないほうが良いと思います）の話に入り，少しでもその子がどんな子なのか，雰囲気がつかめるようなことを話していきます。このとき注意するのは，少しでも子どもの口から言葉が出るように話を進めていくことです。1回目の相談では，ここまでできればそれでもよいと考えています

　2回目以降の相談では，ある程度話ができるようになっていれば，「食事がおいしく食べられますか」「夜，眠れますか」「いらいらしますか」などの，子どもが今感じている気分や生活の状況について話をしてみます。これらの話ができるようになってようやく，「困っていること」「何とかしたいこと」について，聞いてみる段階になります。

　このように，最終的に解決したい問題を話題にするまでには，段階をふまねばなりません。また，最初から，とんとんと進んでいくこともあれば，会うまでに時間がかかったり，実際の気分や生活の話になると進まなくなったりと，いろいろなケースがあります。段階をふんで進めていくということは大前提ですが，あとはそれぞれの子どもの

状態にあわせたペースで，様子をみながら進めていくことになります。

医師にせよ教師にせよ心理職にせよ，家族以外の第三者が相談にのるということは，やさしく親身になろうとすればするほど，子どもの作っている壁の中に踏み込むということでもあります。そのときに子どもが考えていた以上に踏み込まれたと感じてしまうと，警戒心が強くなり，話が続きにくいということも起きます。

あまり表情を変えたり，おおげさに同意したりすることなく淡々と聞いていくことがポイントですが，時にはそのための技術も必要になります。話を進めながら子どもの表情や話し方も観察し，精神疾患や発達障害などが隠れていないかも考えていきます。状況にもよりますが，最初の頃は週に1回程度のペースでおこなうことが多くなります。

また，うまく相談が進まない，うまく対応できないと感じた時点で，相談者を代える必要がありますが，通常は精神科などの医療機関を紹介するか，複数の担当者がいれば担当者を代えて対応します。

● ——「死」を話題にするかどうか

自殺をしてしまった子どもたちに対しては，何の対応もできません。しかし，死にたいと訴える子どもたちへの対応は可能です。

「死にたい」と訴える子どもたちは，最初から相談の場に来てくれて訴えるわけではありません。どちらかというと，電話やメール，郵便などでメッセージが送られてくることが多いようです。そうした場合には，しばしば訴えている本人の特定ができないという問題があり，相談にこぎつけることは容易なことではありません。したがって，本人が相談の場に来てくれるということは，一歩前進しているともいえます。相談の場では，落ち着いて話を聞き，対応を考えていくことになりますが，このとき，自殺の半数は1回目の試みで成功してしまうことが多いといわれていることや，自殺が起きてしまえば連鎖を生み

やすいことも忘れずに頭に置いておきます。

私のこれまでの経験では，「死にたい」という訴えは，男子よりも圧倒的に女子に多い訴えだと思います。そして，その訴えの後ろには必ずといってよいほど何らかの大きな問題が隠れているものですが，その問題が何であっても，抑うつ状態になっていることが多いようです。やる気がでない，やらなければならないことがあっても行動する意欲がない，急に涙もろくなったり，笑い出したり，感情のコントロールができないなどの症状もしばしばみられます。

こうした状況にある子どもに対して，共通して理解のできる話題や状況がないまま，つまり信頼関係が結べていない状況のまま，「死なないで」と話しても，子どもの心には届きません。「生きていれば楽しいこともある」という言葉も，「今」に何の楽しさも見出せない状況の子どもにとっては，まったく意味がありません。もちろん，「死んだら終わりだから考え直そう」「死んでもしかたがない」というような説得も，死にたいと考えている子どもは冷静に将来を考えようという気分ではありませんから，意味がありません。むしろ，自分がいなくなればいい，死んだら逃れられるという意識が強くなっていますので，「終わり」「しかたがない」という言葉は説得力に欠けるどころか，むしろ死にたいという気持ちを後押ししてしまう可能性すらあります。

逆に，信頼関係を構築することができれば，「死なないで」とか「生きていれば楽しいこともある」などという言葉を使う必要すらなくなります。

また，「なぜ，死にたいと考えているのか」と聞いても，答えが返ってくることは，まずありません。死にたいと外に向かって情報発信をおこなう状態では，死ぬということへの親近感すら覚えていることがありますし，こちらが説得しようという立場では話も続きません。

本人が,「死」以外のことを考える時間をどうやって作るか,あるいは増やすかを考えながら面接を続けます。回数を重ねるうちに,子どもがどうして死にたいと思っていたかを話すことができるようになることが目標です。

　子どもが自分の言葉で,「なぜ死にたかったのか」ということを話せるようになるということは,「死ぬ」ということを客観的に見つめ,距離を置いていることにもなるからです。

● ── 緊急の対応が必要な場合

　時間をかけて解決することが基本であるとしても,自殺未遂などを起こしている場合には,悠長にしていられないこともあります。すでに自殺を試みて失敗している場合や,子ども自身が何を言っているのかわからないような錯乱状態にある場合,あるいは泣きわめく,突然笑ったり泣いたりを繰り返すなどの場合には,相談の場で解決することは無理です。このような状態は,緊急保護の対象となります。多くの都道府県ではこのような場合に備えて精神科における救急対応が開始されていますし,児童相談所に連絡して対応を考えることもできます。

　夜間など対応が困難な場合には,警察に連絡することも方法の一つです。警察はこのような状況に対応するための精神科医療施設との緊急ネットワークをもっています。相談を受けたという立場からすれば,緊急の保護を依頼して受け入れられた時点で終了になりますが,緊急保護から戻ってきたときにはまた相談に乗る場合もありますので,保護者など家族との連携は続けていくこともあります。

［3］死にたいという訴えの背景にあるもの

● ── 周囲とのかかわり

　思春期に限らず成人でも,死にたいと考えることや自殺については,

肉親や友人の死・離別などの喪失体験が影響を与えることが知られています。もちろん，家庭内での虐待や学校での教師や友人との関係，いじめの存在なども影響を与えます。

◉──本人の抱える病気の問題

また，子ども自身が病気を抱えている場合もあります。

たとえば，腎臓の病気や神経の病気などの慢性的な身体的な病気があって悩んでいる場合や，身体障害，視聴覚障害などの存在があり，自分の将来の展望が開けないと感じている場合には死にたいという訴えにつながることがあります。発達障害（ADHDや高機能自閉症など）を抱えている場合にも自己への評価が低くなりやすく，「自分などいなければよい」と考え，「死にたい」につながることがあります。

こうしたときに大切なことは，「病気や障害を抱えても元気にがんばっている人もいるから」ということを言わないことです。説得力がないばかりか，ますます自分はダメだと追い込むことにもなりかねません。ただ，病気や障害を抱えて実際に生活している人と会って話をしてもらうことは，役に立ちます。子どもの状態が落ち着いたところで，病気や障害を抱えて実際に生活している子どもや大人に会って話をしてもらったところ，ふさぎこんでいた子どもが立ち直ったという経験をしたことがあります。

いずれにしても，現在のわが国の医療では，体の病気を抱えているときには，その病気の治療が優先され，病気が長期にわたったことによる生活の質の低下や，抱えてくるこころの問題に対しての配慮はそれほど多くないように感じられます。とくに慢性的な病気を抱えている場合や，病気によって将来的にも障害が残ることが推定されるような場合には，その病気の主治医だけではなく，こころのケアをするスタッフも一緒に考える体制ができればと考えています。こころのケア

の基本は，薬物療法などではなく，時間をかけて話を聞き，まずは気楽に話しあえる人間関係を作ることです。

また，成人の場合でも同じですが，抑うつ状態にあると，それ自体が死にたいという感情を引き起こしやすいことが知られています。うつ病以外の精神的な病気としては統合失調症が代表的であり，そのほかに境界型人格障害（第6章参照），強迫性障害などでも死にたいという訴えや自殺につながることがあります。

統合失調症では幻覚や妄想などの症状が代表的ですが，思春期にはこれらの症状が明らかではなく，イライラや摂食障害といった症状だけがみられていることもあるため，診断は容易ではありません。強迫性障害では，思春期には「自分の手が汚れている」などの強迫観念によって手を洗う行動が続くなどの症状がみられますが，いくら洗っても満足できないという状況から死にたいと考えることもあります。これらの精神的な病気では，相談に加えて薬物療法をおこなうことになります。

覚せい剤や医薬品などを含めた薬物乱用の場合にも薬物自体による作用のほか，薬物からの離脱にともなう精神症状として「死にたい」という思いが出てくることがあります。とくにうつ病に用いられるSSRI（選択的セロトニン再吸収阻害剤，商品名：デプロメール，ルボックス，パキシルなど）の使用中に行動異常として自殺を試みるとの報告がいくつかあります。

2. 自殺が起きてしまったとき

［１］関係者に話すこと

私は残された子どもたちには，以下のように説明しています。

「彼（彼女）は遠い世界に行ってしまったので，もうこの世界では会うことはないと思います。しかし，君たちが今から楽しいことや苦しいこと，いろいろな経験を世の中でして，君たちが死後の世界に行ったときに，それを彼（彼女）に伝えてほしい。もちろん彼（彼女）のことはずっと覚えていてほしいし，伝えることを増やしていこう」

自殺した子どもの妹さんの相談に乗っているときに，妹さん本人にも，保護者の方にも，繰り返しお話したことです。

［２］学校での対応の重要さ

自殺が起きてしまったとき，学校での対応も大切です。

同じ学校に通っている子が自殺したとなると，児童・生徒はショックを受けますし混乱も起きるでしょう。多くの場合には，自殺してしまってから学校に心理職（臨床心理士など）を緊急に派遣して対応しているようですが，通常の状態ではない児童・生徒を精神的にも支えながら学校を維持していくことは簡単なことではありません。自殺は決して起きてほしくないことですが，一定の確率で発生することは否定できません。自殺は，未遂も含めて学校における危機管理の対象である

と思います。

　緊急の対策チームを学校の中だけで作ることは不可能でしょう。

　医師や心理職，保護者みんなで何ができるかを考えて，できればそれぞれの学校が，学校として利用できる社会資源も含めての対応マニュアルを事前に作っておくべきだと思います。しかし，残念なことに，それがある学校を見たことはありません。

　危機管理という点から考えてみても，その場合に何を，誰が，どのような責任でおこなうかを，それぞれの学校だけではなく，地域で共有しておくことが望ましいように感じています。

　具体的に例をあげてみます。生徒の自殺（教員の自殺の場合も基本的には同じです）が確認されたら，24時間以内に対策チームを立ち上げる。ここでは校長だけではなく，教育委員会もメンバーを派遣し，情報の共有化を図る。対策チームには校長を含む管理職，担任を含む教職員，養護教諭，スクールカウンセラーなどの心理職，医師，保護者（PTA）などが入り，まず事実経過の確認をおこない，それにもとづいて「誰が」「何を」「いつ」するのかを決めます。大切なことはこの三つをきちんと決めておくことです。とかく保護者会などを開いて，保護者への説明が優先されていますが，当然のことながら，子どもたちへの説明も上記の三つを考えておこなうべきです。担任に任せればよいという問題ではありません。おおむね1週間以内の対応策と，子どもたちのこころのケアを含めた長期的な対策は，分けて考える必要があります。このような方策をふだんから考えておくことが自殺の連鎖を防ぐためにも大切だと考えられます。

ご家族からのメール

　麻衣さん（仮名）は，中学校３年生の秋にマンションから飛び降りて命を絶ちました。その３か月ほど前に友だちの裕子さん（仮名）が飛び降り自殺をしており，学校でも関連を調べたようですが，結果は「関連なし」とのことでした。

　麻衣さんが亡くなってから１か月ほど後に，友だちのお母さんの紹介で麻衣さんのお母さんが妹の亜衣さん（仮名）と２人で相談に来られました。お母さんの話では亜衣さんが不安定になっているということでしたが，私の目から見れば家族全員が倒れてもおかしくない状況でした。亜衣さんには通常の面接に加えてメールでの対応をしました。お母さんには相談やメールだけではなく，１年ほど抗うつ剤を飲んでいただきました。

　今から１年ほど前にお父様のお仕事の都合で北海道に転居されて以来，ときどきメールはいただきますが，お目にかかってはいません。亜衣さんが無事に高校に入り，夏休みに絵の展覧会に出品した作品が表彰されたという，喜びの報告とともにメールをいただきました（メールの内容はお母様の許可をいただき，名前以外はほとんど原文のままです）。

●――メール

　先生，お久しぶりです。最後にお目にかかってから 1 年あまりが過ぎました。北海道の夏は涼しく，朝はときどき 10 度以下になっています。

　今日はうれしいお知らせです。亜衣が北海道の森を描いた絵を作品展に出したところ，金賞になりました。本人もとても喜んでいて，私たちも心からうれしい時間でした。

　麻衣が旅立ってから，4 年あまりが過ぎました。妹の亜衣の相談に乗っていただいた 3 年間は，今思えばあっというまでしたが私たち夫婦も揺れ動くことが多く，面接だけではなくメールでの支えがとてもありがたかったと思います。

　麻衣がなぜ飛び降りたのか，私たちには何もできなかったのかは今でもわかりません。亜衣に話してくださった，「お姉ちゃんは一足先に天国に行っているから，亜衣さんはこの世の中でいろいろなものを見て，何十年後かわからないけれどもいつかお姉ちゃんに話してあげようね」というようなことを麻衣に話してもらっていれば，あれが起きなかったかもしれないと考えているのが後悔です。

　相談にうかがってから数か月たったとき，出かけた帰りにケーキを買いました。なんとなく 4 つ買って帰ってから，もう麻衣がいないことがとても悲しく，麻衣がいないことを忘れられないこともとても悲しく思って先生に相談しました。「それまで生きていてくれたことにありがとうも言えないのに，忘れてしまうなんて変ですよね」と先生に言われたときに，どきっとしましたが，同時に忘れなくていいんだと気が楽になりました。

　亜衣は昨年，姉が旅立ったとの同じ年齢になりました。その頃は私もとてもいらいらしていて亜衣のちょっとしたしぐさにも動揺

していましたが，今はずいぶんと楽になりました。その頃に先生から「亜衣さんはこれから麻衣さんと違った一日一日を経験するのだから，一日一日を大切にね」と亜衣に話していただいたことで，亜衣も落ち着いたようでした。

　亜衣は高校を卒業したら東京の大学に行きたいと話しています。そのときにはまた先生にお会いできることを亜衣も楽しみにしているようですし，私たちもそのときには東京に参りますのでお目にかかれると思います。お元気でお過ごしください。

[参考文献]
* 1 ──『青少年のための自殺予防マニュアル』高橋祥友　金剛出版　1999
* 2 ──『人口動態統計』厚生労働省大臣官房統計情報部　2006
* 3 ──『生徒指導上の諸問題の現状について』教育課程審議会　2000
* 4 ──『思春期のうつ，自傷，自殺』高橋祥友　小児科診療　68:1047-1056, 2005
* 5 ──『自殺の発生』平岩幹男　小児科診療　70:11:2135-2138, 2007

第8章

性交渉,妊娠も珍しくはない

1. 社会の抱えている性の問題

　性の問題，とくに思春期の性の問題を考えるときに，最初に考えなければならないことは，子どもたちを取り巻く社会の問題です。わが国でも100年前であれば，10代の結婚は珍しいものではありませんでしたし，世界を見回せば今でもそのような地域もあります。性の問題は子どもたちを取り巻く社会の状況によっても，また社会の規範の維持の状況によっても変わってきます。社会の規範は法律だけで決められているものではありません。

　決められた法律を守ることから始まって，小さな子どもやお年寄りをいたわるという暗黙のルールやさまざまな約束事が，現在の日本では崩れてきているという状況があり，その一端が思春期の性行動の問題にも響いています。すなわち，新聞紙上を賑わしている大人たちの多くの不祥事や歓迎されない行動は，性の問題に限らず子どもたちにとって，少なくない影響を与えていると思われます。

［1］ 社会全体としての考え方が必要

　30歳の男女が性交渉をするとしたら自然なことですし，それで妊娠して子どもが生まれたとしても不思議ではありません。しかし，私も含めて世間一般には，15歳の男女の性交渉は不自然だと感じていると思います。なぜ，不自然だと感じるのでしょうか。これを突き詰めて考えてみましょう。

　15歳という年齢では，経済的に自立できない，身体的に負担が多い，

責任ある社会生活が送れないなどが通常は理由として考えられます。しかしそれならば，経済的に自立していればいいのか，身体的な問題がなければいいのか，責任ある生活が送れればいいのかということになってしまいます。ここから見えてくるのは，この問題を「社会全体としてどう考えるか」ということが大切なのだということです。これだけ価値観が多様化している社会です。もし，15歳の子どもたちの性交渉を不自然だとするのならば，それを個人の価値観だけで決めてしまうのは無理なことであり，社会としてみんなが納得できる考え方を創っていくことを考えなくてはなりません。それを考えることなしに，ただ15歳の性交渉という事実のみを非難してみても，いわんや禁止をしてみても説得力に欠けるだけです。

　これまでに，妊娠した子，レイプされた子，性感染症にかかった子など，性の問題を抱えたさまざまな子どもたちを見てきた経験から言えば，中学生の時点までに必要な知識を供給し，自己決定ができるという能力を身につけさせること，そして，性の商品化を明示しているマスメディアへの規制を含めて，それを支える社会的合意が必要であると考えています。これについては私もお手伝いしましたが，日本小児科学会（www.jpeds.or.jp）でも提言を出しています。

［2］性の問題にはいろいろな対応や側面がある

　性の問題については，大きく分けて二つの捉え方があります。現状を重視し，本音で考え対応しようとする捉え方と，あくまでこうあるべきだという理想，いわば建前としての捉え方です。医療や保健，教育現場では，実際にさまざまな問題を目の前にしていますから，現状をふまえ本音で考えていこうとする立場が中心になります。これに対して教育行政，地方を含む議会などでは「こうあるべき」「こうあって

ほしい」という建前を主張する立場が中心となっています。言ってみれば現実と理想ですから，しばしばこの両者は相容れず，どちらを重視するかによって，性教育も性の問題の取り扱いも変わってきます。

　私の印象としては，2008年現在はどちらかといえば建前が優勢な気がします。場面や事件によって現状にもつけば建前にもつくというのが，テレビ，新聞を含めたマスメディアの対応でしょう。

　性には三つの側面があります。誰しも性欲と生殖については，イメージしやすいでしょうが，忘れてはならないものに，もう一つコミュニケーションとしての性があります。たとえば，15歳の男女の性交渉を考えてみましょう。多くの場合は，性ホルモンの分泌が盛んな男子が性欲にもとづいて女子に性交渉を迫ります。女子は好きな相手なので「嫌われたくない」という考えからコミュニケーションとしての性交渉が成立します。しかし，知識や情報の不足などから時には妊娠してしまい，このとき生殖としての性の面が出てきます。妊娠週数にもよりますが，多くは妊娠中絶となり，精神的な回復に多くの時間を要することも少なくありません。思春期の性の問題では，多くは男子の「性欲」の面が女子には「コミュニケーション」として受け取られ，結果とし

性欲・コミュニケーション・生殖

- 性欲としての側面
  - →性ホルモンの影響が大きい
- コミュニケーションとしての側面
  - →非言語的コミュニケーションの一つ
    　互いに存在を確認することができる
- 生殖としての性
  - →妊娠・出産が目的となる

て妊娠という「生殖」の面に向きあってしまうことが少なくないのです。

［3］思春期の性の現状

　女性全体の人工妊娠中絶は減少傾向にありますが，思春期については増えている可能性があります。20歳未満の人工妊娠中絶は統計に出ている分だけでみても，約27,000件と決して少なくはありませんし，実際，私も12歳，13歳の妊娠中絶の相談に乗った経験があるほどです。20歳未満の各年齢では，19歳の女性の妊娠中絶件数が約10,000件ともっとも多くなっています。性交渉をしても，妊娠せず，中絶に至らない場合もありますから，思春期において，性交渉がどれほど一般的になっているかがわかると思います。

　性交（セックスを経験した率）については東京都幼稚園・小・中・高・心障性教育研究会の3年ごとの調査結果を引用して図8-1に示しました。この調査によれば中学生では男子の経験率が高くなっていますが，最近では，この調査ではありませんが，女子のほうが高いというデータも出てきています。研究者の間では，中学校卒業時に女子で10～20％（地域により異なります），男子で10％前後の経験率ではないかと考えられています。この数字は，決して低くはありません。

　さらに中学生の場合，知識がないこともあり，性交渉にあたっての

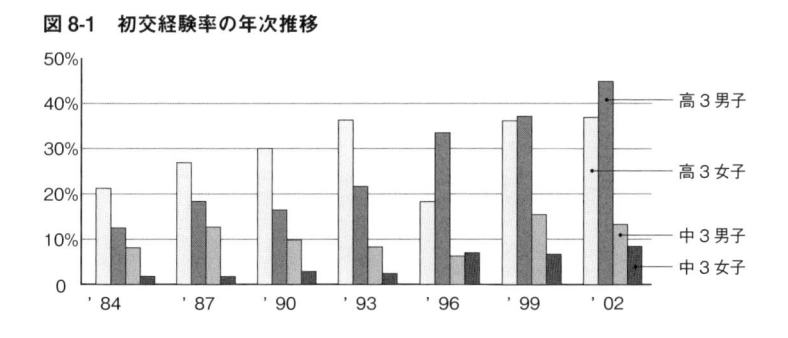

図8-1　初交経験率の年次推移

避妊の割合が低いことが問題です。日本では避妊＝コンドームという考え方が定着していますが，横浜の汐見台病院産婦人科の早乙女智子先生によれば,「コンドームの避妊率は決して高くはない，失敗率が３％ぐらいあるので，IUDやピルに比べればはるかに低い」ということでした。性感染症の予防という面では，コンドームには有効な部分もありますが，最近話題となっているHPV（ヒトパピローマウイルス：子宮頚がんの危険因子）の感染予防には不十分ともいわれています。

　いずれにせよ，私が性にかかわる問題について相談を受けた中学生，高校生の中で，避妊についての正確な知識をもち，それを実行している子どもたちはきわめて少ないというのが現状です。性交渉には簡単に踏み切りますが，妊娠のリスクは軽視している，あるいは考えていないために，妊娠という事実に直面することになるわけです。また，最近では性器クラミジア感染症も非常に増えています。千葉大学の佐藤武幸先生によれば，中学生のうち5％くらいは感染しているのではないかとのことでした。私も外来で診察した中学生で尿路感染症の疑いがある場合，とくに女の子の場合は可能であればクラミジアを調べるようにしていますし，そうして調べた結果，現実にクラミジアに感染していたことも，1度や2度ではありません。性器クラミジア感染症が性感染症であるという面から考えても，思春期の子どもたちにとって無縁ではありません。クラミジアに感染すれば，HIVに感染する確率も高くなりますし，梅毒や淋病などほかの感染症の問題もあります。

　さらにはHPVによる将来の子宮頚がんや場合によっては陰茎がん，直腸がんの問題もあります。2008年にはHPVに対する予防接種が認可される予定ですが，性に対する建前論が優勢の現在では，性交渉を前提としたワクチンであるということから，どこまで普及するかはわかりません。しかし，いずれは性交渉をもつということ，レイプなど

の危険もゼロではないことを考えると，個人的には思春期に接種するようになればと考えています。

［4］出会い系サイトの問題

携帯電話を子どもが持っていることが喜ばしいことかどうかという議論は別にして，実際に持っている子どもたちは増えていますし，子どもたちにとっての重要なコミュニケーションツールになっているのは事実です。

私のおこなった青少年保健行動調査の結果では，図8-2に示したよ

図8-2　携帯電話の保有率

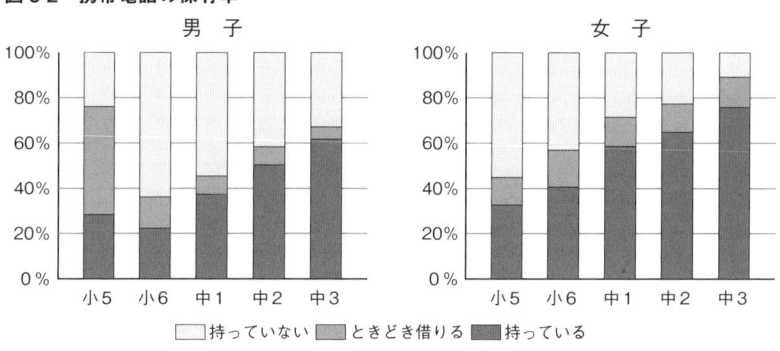

図8-3　携帯電話で会ったことのない人とメールをした経験

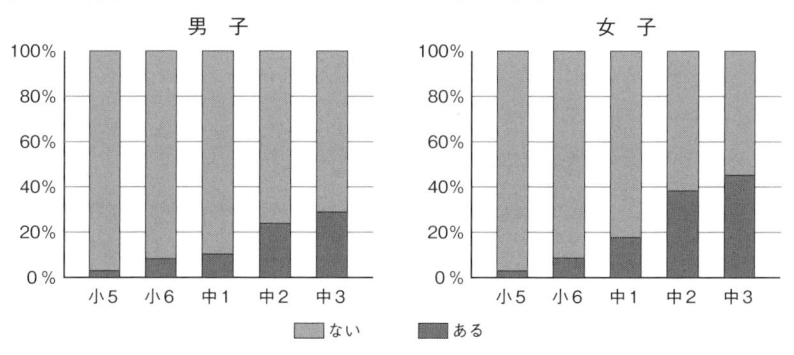

うに中学校3年生では半分以上が携帯電話を持っており，小学校5年生でも女子の32％，男子の18％が自分の携帯電話を持っています。

同じ調査の中で，「会ったことのない人とメールをしたことがあるか」という経験の有無を聞いてみました。中学校3年生の女子では約38％が，男子でも約21％が，あると答えています（図8-3）。会ったことのない人とメールをする，顔がわからないまま友だちになる，そして会ってみる，そして何かが起きるということは，十分にあり得ますし，そうしたやりとりをする中には出会い系サイトも含まれています。

実際にインターネットで「出会い系」をキーワードにして検索すると1,000万件以上がヒットします。携帯電話からでも同じようなものです。そこには「出会い系で失敗しない方法」「出会い系から逃れる方法」というような名前ですが，実際には出会い系に誘導するサイトがあり，子どもたちでもこのようなサイトに簡単にアクセスできる状況は，社会としても対応が必要であると思われます。

直接会わなくても，情報交換できるというIT化，そして実際に面と向かって，話をするコミュニケーションの技術の低下などの問題が，子どもたちの性をめぐる問題をますます複雑にしているように思われます。

2. 重要な性教育

［１］正確な知識を身につけさせる

　こうした現状を考えれば性教育が重要であるということは，よく理解できます。しかし，性教育とは避妊や性感染症の教育だけではありません。性と生命についての正しい認識をもつこと，人権を守るという基本的な視点が大切です。性教育は生まれてくる赤ちゃんも含めて命を大切にし，自分を大切にするための教育ですから，子どもたちの人権を守り，子どもたち自身を守るために何をすればいいかを考えることになります。これらの点について日本ではまだ十分に認識されておらず，興味本位になってしまうことも少なくありません。

　また，今の子どもたちの現状がこうだからと，現状に対する危機感から，避妊という面だけをあまりに強調してしまうと，当然ですが，建前を中心とする立場から「性交渉を勧めるのか，知識を与えると実行したくなるから教えるべきではない」と反発を招くことにもなるでしょう。しかし正確な知識があり，かつ，その知識にもとづいて実行すれば，性感染症も希望しない妊娠もほとんどが防げることは事実なのです。「寝た子を起こさない」という姿勢では，今の子どもたちの問題を解決することはできません。正確な知識をどこかの段階で身につけさせなければ，インターネットやマスメディアを通して，誤った情報がどんどん伝えられてしまうのが，「今」という時代なのです。

　厚生労働省でもこのような事態を受けて，数年前に『Love & Body Book』という本を出版しました。この本を全国に配ろうとしましたが，

県議会や市議会などいろいろな所で問題になり，ほとんど配布されませんでした。私は，非常に良い内容だとは思いましたが，問題となったのは，表現がストレートすぎるというか，なかなか教育関係者や一般の方には受け入れにくい内容であったことや性交渉そのものを抑制する内容ではなかったこと，などでした。要するに生物学的な性の説明と避妊教育が中心であることから批判を浴びたわけです。

　もちろん，私も，「性交渉をしない」ということが中学生を中心とした思春期の子どもたちには必要ではないかと考えています。これに関してはアメリカでは abstinence という概念が出ています。要するに我慢しよう，今はもっとほかのことを考えようということで，教育の場面でも強調されるようになってきています。このような面も考えて，私は数年前に中学生を対象とした性教育のテキスト『しない勇気，ことわる勇気』を作成してみました。まず大切なことは，中学生にセックスをあおらないということ，二番目としては，最低限必要な知識を与えること，希望しない妊娠を避けるということだと考えました。

　以前，エイズについて中学生を対象に講演会をした時におこなった調査によればエイズが治らない病気だ，あるいは非常に重くなる病気で死に至るかもしれない病気だということを知っている子どもたちは多いけれども，エイズは性感染症であり，性交渉で感染するということを認識している子どもたちは，多くはありませんでした。具体的な避妊の方法を含め，情報として供給すべきかどうか議論のある内容については，このテキストには入れていません。あくまでも，学校現場でも抵抗が少ないように，それから家庭でも話しあえる内容をということで作成しています。表現も，実際に中学生にチェックしてもらって親しみやすくしました。

［2］しない勇気，ことわる勇気

　タイトルを「しない勇気，ことわる勇気」としたのは，やはり心の問題として，男の子たちには「しない勇気」，女の子たちには「ことわる勇気」をもってほしいということからです。具体的な内容としては，

- 10代の妊娠・人工妊娠中絶が増加しているおり，望まない妊娠が増えているということ。

- 性感染症については以下のことを知ってもらうこと。

性器クラミジア感染症（Chlamidia trachomatis による感染であり，多くが無症状であるため，検査をしないと判明しないことが多いこと。初期には子宮頸管炎であり，その後，骨盤内に波及する。女子高校生では感染率が数％に上るという説もある。治療は抗生剤の投与である。放置すれば不妊の原因になり得る）

梅毒（Treponema pallidum による感染であり，初感染の多くは抗生剤を4〜6週間程度投与すれば治療でき，慢性化を防ぐことができるが，放置すれば治療不可能な神経症状や運動障害を呈するようになる）

性器ヘルペスウイルス感染症（単純ヘルペスウイルスによる感染で，抗ウイルス剤の経口投与と外用療法がおこなわれるが，神経節からは駆除できないので再発をくりかえしやすい）

エイズ（HIVウイルスによる感染であり，性交渉のほか血液などの体液を介しての感染もある。発症予防のための抗ウイルス剤の投与が必要とされ，服薬指導を含めた生活全体への指導を要する。発症すれば数年以内に死亡する）

- 緊急避妊の問題について：

　いわゆるポストピル（性交後避妊）については学校の教職員はもとより，医師の中にもご存じない方が少なくありません。緊急避妊には時間の制限がありますから，レイプの場合にしばしばみられるようにしばらく黙っていて，それから話を聞いても間にあいません。

　そして最後のページでセックスしたくなっても，しないことも勇気だし，断ることも勇気だということを含めて作成しました。中学3年

生での性体験が増加するのは夏休みです。ですから作成したテキストは，ナレーション入りのCDを聞いてもらうようにし，中3の夏休みの前に配布しました。一人でも望まない妊娠を防ぐことができればと考えて作成しましたが，2年間配布しただけで，その後はいろいろな事情から配布できていません。(ご希望の方は私に連絡していただければ電子ファイルでも冊子でもお渡しすることは可能です。)

　学校の中だけで性教育をおこなっていくことには，限界があります。学校だけでなく，家庭でも教育をする必要がありますが，まだまだどのように教育をすればよいかは議論のあるところでしょう。しかし，少なくとも性体験をもっている10~20%の子どもたちには何らかの形で教えておく必要があります。

　全部で12ページ，内容は以下の通りです。

望まない妊娠を避けるために

しない勇気
ことわる勇気

2. 人工妊娠中絶率の推移

（人口千人に対して）

15歳から50歳
20歳未満

厚生労働省調べ

1. 望まない妊娠が増えている
- 妊娠はセックス『腟（ちつ）内に射精すること』によってしか起きないよ!（人工授精を除く）
- 望まない妊娠をしてしまうと，人工妊娠中絶をする結果になることが多いんだって（妊娠21週まで。それ以降は出産するしかないよ）。
- 10歳代の人工妊娠中絶が最近増加してる!
- 人工妊娠中絶により，ずっとそのことを忘れられなかったり心に深い傷が残ったり，将来妊娠できなくなる可能性もあるんだって。

3. 男の子の体

男の子の内性器と外性器

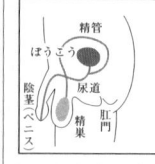

精管
ぼうこう
尿道
陰茎（ペニス）
精巣
肛門

- ぼうこうにたまってる尿は尿道を通ってくる。
- 男の子では精巣で出きた精液は，精管を通って尿道から出てくるんだ。
- 精液が陰茎（ペニス）を通って出てくることが射精で，セックスのほか寝ているときに出てしまうこともあるし，自分で出すこともあるよ。

4. 女の子の体

女の子の内性器

- 女の子の体の内部の絵だけど、卵巣でできた卵子が卵管を通って子宮に出てくるんだ。
- 受精しなかった卵子はそのまま外に出てゆくんだよ。
- 受精しなかった卵子は子宮の壁にくっつかないので、壁の一部がはがれて月経（生理）になるんだ。知ってた？

8. 妊娠や性感染症を避けるために

- 女性を求める男性ホルモンの分泌は18歳頃がもっとも多くなるんだって。だから中学生になるとセックスに対する欲求が出てくるんだよ！
- 一方、女性ホルモンは20歳を過ぎてから多くなるので、中学生では男性への欲求は多くないから、男性に要求されて困るんだって！
- もうしばらく待ってよ！　妊娠や性感染症はセックスによって起きるんだから、今セックスをしなかったから後悔することはないよ！
- セックスをしないことも「勇気」のひとつだよ！

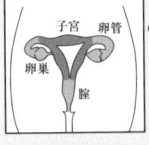

5. 性感染症も増えています

- 性感染症とは、セックスによってうつる病気すべてをさすんだ（セックスのまねをしてもだよ）。
- 年々増加していて、とくに不特定の相手とのセックスを繰り返すと危険が増えるんだって。
- 援助交際は売春だよ。援助交際によって感染することもしばしばあるんだ。
- 病気にかかっていても検査をしない限り症状がないことも多いんだって！　そして後で赤ちゃんができなくなったり障害が出ることもあるんだって！　覚えておこうね。

9. 避妊とは

- セックスをしても妊娠を避ける方法のことだよ。
- 失敗のない避妊はないと思っていいよ！
- コンドームの使用がもっとも多く、性感染症もかなり防ぐことができるって！
でもきちんとつけないと効果はないよ。
- 腟外射精（腟外で出すこと）や安全日（予定月経の前1週間）は中学生では避妊できないよ。
- 成人ではピル（少量のホルモン）や避妊リングの挿入もあるけど、中学生では無理だね。

6. 性感染症ってどんなの？

- クラミジア感染症：細菌で起こる病気で、症状が少なく将来の不妊の原因にもなるんだって。
- 梅毒：外陰部のかゆみや発疹が出て、薬で治せるけど、治療しないと障害が残るって。
- ヘルペス：外陰部に水泡ができ、治療しないと慢性化し治りにくくなるんだって。
- エイズ：もっとも恐ろしいものだって。最初は無症状で、症状が出ると死ぬまで治療はないよ！
- そのほかにも多くの性感染症があるんだって！

10. 緊急避妊について

- 避妊しないでセックスをしてしまった場合、レイプされた場合、妊娠を避ける方法だよ！
- 48時間以内遅くとも72時間以内にホルモン剤を飲む必要があるよ。産婦人科などで処方してもらうことができる。病気（性感染症）の問題もあるので、ぜひ相談してね。
- 黙って隠しているとチャンスがなくなるよ!!
- 副作用もあるので、何度もはできないよ!!
副作用には吐き気とか、色々あるんで本当に困ったときだけの手段なんだって。

7. 妊娠も性感染症もセックスが原因

- セックスをしないで妊娠すること（たとえばキス）はないよ。性感染症がうつることも、もちろんないよ。
- セックスは人間にとって、赤ちゃんを作ったり、信頼を深めるために大切なものだけど一時的な欲望での行動が失敗につながるんだよ。
- おたがいを良く理解すること、自分たちの将来を見つめていることが大切なんだ。
- だからセックスをしたことなんて自慢にはならないし、しないから遅れているわけじゃないよ！

11. 忘れないでね!!

- セックスをしたくなっても「しないこと」も勇気だよ。
- セックスを「断ること」も、もちろん勇気だよ。
- 人間は動物には違いないけど理性があるんだ。だから我慢することも、勇気をもつこともできる。
- 「今さえよければ」で君たちの貴重な未来が失われたり、今からの人生に大きく影響してしまう可能性があるよ！読んだからわかるよね！
- 困ったときには、ぜひ相談してね。
- あなたたちの味方はたくさんいるよ!!

3. 若年妊娠に関する相談

　私が今まで受けた若年妊娠に関する相談は，すべて女子でした。私のところへの紹介のきっかけは，学校からであったり，友人であったり，教育相談からであったりとさまざまでした。これらの子どもたちは，おおよそ二つの群に分けることができます。A群は，たとえば不登校，非行，成績不良などそのほかの問題を抱えている子どもたちです。B群は取り立てて問題のないごく普通の子どもたちです。一般的にはA群の子どものほうが多いような印象があるかもしれませんが，私の経験上ではA群もB群も，ほぼ数は一緒です。

　要するに，何か問題を抱えている特別な子というわけではなく，ごく普通の子どもたちもこういう事態に直面しているわけです。もちろんA群のほうが絶対数が少ないですから，リスクの確率からすると A群のほうが高いことにはなります。

　妊娠の相談は，学校からある程度まとまった期間離れている夏休みが，妊娠の原因となる時期であることが一番多いわけですから，自然と秋に受けることが多くなります。もっとも多いのは10月から11月ですが，12月に入ってからの相談となると週数が進んでいるため，時間の余裕がありません。妊娠の相談を受けた場合の一番大きな問題は，この点です。妊娠12週以下で相談に来るケースはほとんどなく，だいたい妊娠16週頃が多い，場合によっては20週過ぎてから相談に来ることもあります。そのタイミングでは，人工妊娠中絶は妊娠22週までですから，出産か中絶かを決めるための時間がないということになり

ます。本来，出産か中絶かを決定するプロセスには，その後同じような事態を繰り返すことを防ぐ意味でも，子どもたちの心的外傷を防ぐという意味でも時間をかけておいたほうが良いわけですが，実際にはあまり時間をとることができません。

　私のこれまでの経験では，出産を希望しての妊娠というケースは中学生ではありませんでした。しかし高校生で，妊娠がわかってから「生みたい」と希望するケースもありました。

　もう一つ重要なことは，人工妊娠中絶をすれば，それでこの問題は解決するのかということです。決してそうではありません。これまでの例では，中絶をした時点で対応するのを終わりにしてしまうと，数か月後にまた同じことが起こるということを経験したことがありました。ですから，私は人工妊娠中絶をおこなっても，そのあと最低半年間はフォローするようにしています。フォローするというのは，性的な問題などの話をするということではなく，音楽の話でも食べものの話でも何でもよいのですが，月に1回くらい面接をして話を聞く機会をもつようにするということです。子どもたちは保護者以外にも，誰かが自分のことを気にかけてくれるということがわかると，同じような行動に走る危険性は少なくなります。

　中学生の性交渉は，決して勧められるものではありません。しかし，そんなことを言ってみても，実際にはおこなわれていますし，その結果として性器クラミジア感染症にかかったという子や妊娠した子にも遭遇します。きちんと必要な情報を提供し，取り巻く環境を整備していくことが社会の務めでもあると考えていますが，まだまだ遠い道のりでしょう。こうした性の問題は，発達障害を抱えた子どもたちも，当然ながら遭遇する問題であり，大きな課題となってきています（第12章参照）。

繰り返しになりますが，性の問題をどう取り扱うのかということは，生物学的な問題だけでも，社会学的な問題だけでも決められません。社会的にどのように考え，どう合意を形成するかが大切なことですし，そのために私たちは何ができるかということも考えていく必要があるのではないかと思います。

　そして考えるだけではなく，実際に行動を起こすことも必要であると感じています。考えているだけでは，不幸な妊娠も性感染症も減らすことはできません。性の問題を，「大きくなれば自然にわかる」「何となくわかるものだ」と考え，積極的に対応してこなかった結果が現在の状況です。子どもたちに性の問題の話をしようとすると，「まだ早い」「何でそこまで」と言われます。

　「まだ早い」については，それではいつならばよいのでしょうか。この質問には誰も答えてくれません。「何でそこまで」は何を，いつ，どこまで，という社会の合意形成が先にもお話したように十分ではありませんので，問題は残るのかもしれません。しかし，結果として悩み，傷ついた子どもたちを少しでも減らすためには，私もできることからしていこうと考えています。

［参考文献］
＊1——『「若者の性」白書』日本性教育協会編　小学館　2007
＊2——『子どもたちの性はいま』平岩幹男　小児科臨床　60:7-11，2006
＊3——『若年妊娠への対応と現状』河野美代子　小児科診療　68:1019-26，2005
＊4——『性器出血，帯下』早乙女智子　小児科診療増刊号　485-487，2007
＊4——『婦人科クリニックにおける思春期患者の現状』蓮尾豊　小児科診療　68:1010-18，2005

第9章

いじめは
なかなかなくならない

1. いじめをめぐる状況

［1］いじめとは

　まず，いじめの定義です。文部科学省では，いじめについて，

「①自分より弱い者に対して一方的に，②身体的・心理的な攻撃を継続的に加え，③相手が深刻な苦痛を感じているもの。なお，起こった場所は学校の内外を問わないもの。」

と定義つけて，発生件数を把握しています。
　私が過去におこなったいじめの調査では，

「ある生徒やあるグループの友だちが嫌がることをほかの友だちにしたり言ったりすることです。このいじめの中には足で蹴る，殴る，脅かす，閉じ込めるなども入ります。ただし同じくらい強い，友だち同士でするけんかは入りません。」

という定義にしました。この定義は WHO（世界保健機関）が主導していろいろな国が参加しておこなった HBSC（Health Behaviour of School-aged Children, 青少年保健行動調査, 1994年）のものです。
　いじめの問題は，その程度の差こそあれ，大昔から存在し続けている問題かと思います。それが，なぜこれほど注目されるようになり大きく取り上げられるようになってきたかということですが，当然いじ

めによる自殺が存在するという点が一番大きいわけです。いじめによる自殺が生じると，一時的に非常に大きく取り上げられますが，結局は，数か月で忘れられることになります。これは，この20年あまりにわたって繰り返されていることです。いじめによる自殺が起き，いじめが大きな問題になると，書店の棚には，いじめに関する本が集中的に並べられますが，数か月たつとあっという間に売り場が縮小されるということが繰り返されているわけです。

どんな社会でも，いじめは常に存在しています。存在するという認識をもつことが大切なのですが，その前提はなかなか受け入れられないようです。「うちの学校にはない」とか「うちの学校ではいじめが根絶された」とかいう根絶宣言をするということのほうが，重視されているようですが，根絶宣言にこだわっていては，いじめの問題は解決しません。もちろん，いじめは子どもの世界だけではなく，会社や保護者同士，近所づきあいなどの大人の社会にも存在します。たとえば，高齢者の施設でも高齢者同士によるいじめが現実に起きているほどです。

［2］いじめは隠れている

いじめの問題を考えるとき，わが国でも常に加害者と被害者に分けて考える習慣があります。加害者＝悪者，被害者＝かわいそう，と考えてしまいがちですが，現実の構図は決してこれほど単純なものではありません。子どもたちは被害者にも加害者にもなり得ますし，加害者と被害者に共通点があるということも，後述の調査で明らかになってきました。

私がこれまで相談を受けてきた子どもたちのなかには，いじめの被害者であることを相談内容として訪れた子はそれほど多くはありませ

ん。不登校や摂食障害などの相談を受けていると，その背後にいじめの問題が隠れていたということが，ときどきみられます。もちろん，相談を始めてすぐにわかる場合だけではなく，何度も面接を重ね，数か月たってからようやく明らかになる場合もあります。また，ものを盗むとか，うそをつく，あるいは人を傷つけるなどの問題行動の相談に訪れる子の場合には，本人がいじめの加害者となった経験（誰かをいじめた経験）も被害者となった経験（誰かにいじめられた経験）もあるというように，加害者・被害者両方の経験がある子どもたちが多いような気がします。また，ADHDや高機能自閉症などの発達障害の子どもたちがいじめに遭うことも少なくありません（第12章参照）。

　もちろん，いじめは日本だけの問題ではありません。たとえば13歳で1回以上いじめられた経験について尋ねた結果を**表9-1**に示しました。この中の外国のデータは前述したHBSC（p.128参照）のものです。国によってさまざまであり，わが国だけが特別に多いというものではないようです。私がおこなった調査での13歳のいじめについても示しましたが，男子で3人に1人，女子で4人に1人が今の学年になってからいじめられたことがあると回答していました。

表9-1　13歳で1回以上いじめられた経験

	男子	女子
デンマーク	57	52
フィンランド	62	41
オーストリア	50	42
スウェーデン	19	16
カナダ	36	29
イギリス	37	31
著者の調査	35	25

いじめはセクシュアル・ハラスメント（性的いやがらせ）と同じように受けた側の認識によって決まります。いじめたほうが，私にはその意思がなかったと言っても，受けたほうがいじめられたと感じた場合にはいじめとして扱うことになります。

［3］いじめの調査から

いじめをなくそうとするためには，まず現状を受け入れることが必要だということはお話ししました。私はいじめについての調査を1994年と，それから2000年の2回にわたりT市の全小中学校の小学校5年生から中学校3年生，約4,000人を対象にして実施しました。この調査は無記名でおこない，いじめだけではなくて，生活全体に対する調査となっています。

しかし週に1回以上いじめられているという回答は中学校3年生でも男子では約5％，女子では1.5％存在しているように，いじめられる子どもたちは常に存在しています。いじめられた頻度で比べると，いじめは女子よりも男子のほうが多いこともわかります（図9-1）。

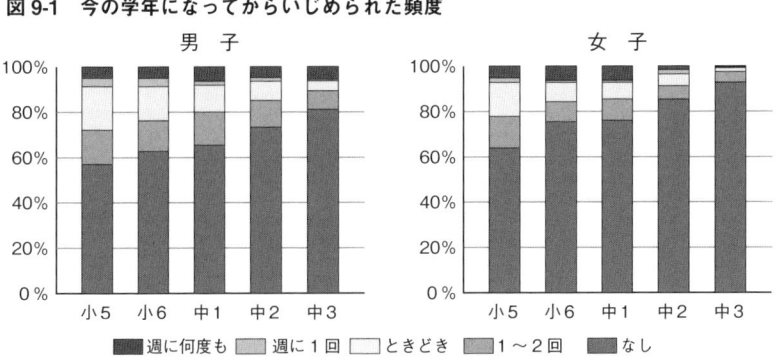

図9-1　今の学年になってからいじめられた頻度

男子／女子

■週に何度も　■週に1回　□ときどき　■1～2回　■なし

いまどきの思春期問題

　図9-2は，今の学年になってからのいじめた頻度について尋ねた結果です。いじめられた頻度が減っているわけですから当たり前ですが，いじめた頻度も，年齢とともに男子も女子も徐々に減っていく傾向にあります。

　なぜ年齢が上がるといじめの頻度が減っていくのでしょうか。これについてはいろいろな理由が考えられますが，一つは年齢が上がるにつれて，子どもたちの周囲を見ることができる能力が高くなるということ，そして，してはいけないことを判断していじめに参加することが減少するという可能性があります。それから中学校では，まず，グループが形成される過程の中でいじめが起きてくるものですが，その過程

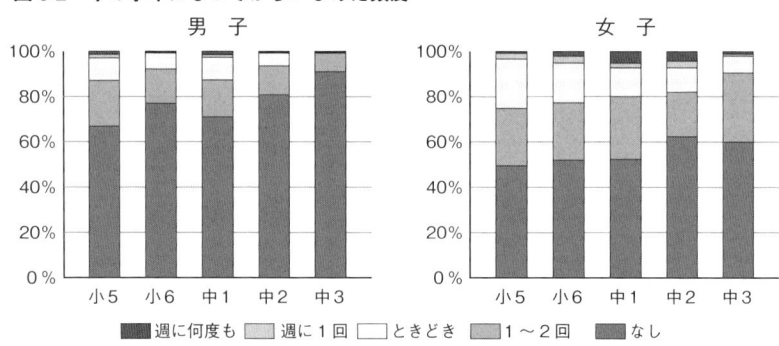

図9-2　今の学年になってからいじめた頻度

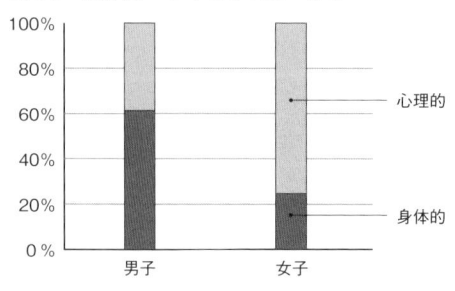

■週に何度も　■週に1回　□ときどき　■1～2回　■なし

図9-3　身体的いじめと心理的いじめ

の中で集団のルールが暗黙のうちにでも成立し，グループ同士のあるいはグループの中での力関係がある程度決まってくるといじめが減ってくるということも考えられます。

いじめには，大きく分けて身体的ないじめと心理的ないじめがあります。身体的ないじめは，たとえば殴る，叩く，蹴る，脅かす，ものを取る，奪う，隠す，体を押しつけるなどの体を使うようないじめです。それに対して心理的ないじめは，嫌がる名前，あだ名で呼ぶ，嫌がる表現をする，無視したり仲間はずれにするほか，最近ではメールを使ったいじめもあります。身体的ないじめと心理的いじめについて男女で見た結果を（図9-3）に示しましたが，男子では4割が心理的ないじめで，6割が身体的ないじめであるのに対し，女子では2割あまりが身体的ないじめで，残りが心理的ないじめとなり，いじめの質でも男女でかなりの差があることがわかります。

加害と被害の関連も**表9-2**に示しましたが，まったくいじめられてもいないし，いじめてもいないという子どもたちは約半数で，残りの子どもたちは被害や加害を何らかの形では経験しているということになります。このデータから考えられる大きな問題は，いじめの被害と加害を両方とも週に1回以上の頻度で経験している子どもたちが1.1％

表9-2　いじめの加害と被害の関連

		いじめられた				
		なし	1～2回	ときどき	週に1回	週に何度も
いじめた	なし	49.5	4.9	4.4	0.8	1.3
	1～2回	19	3.8	2.1	0.4	0.8
	ときどき	4.6	1.3	2.7	0.2	0.9
	週に1回	0.4	0.2	0.2	0.3	0.3
	週に何度も	1.1	0.2	0.2	0.1	0.3

もいるということです。そして，同じ子どもがある時には加害者に，ある時には被害者になるということがわかります。また，全体として見ると，週に1回以上いじめられている子どもたちは5.2%，20人に1人はいるということです。週に1回以上誰かをいじめている子どもも2.5%，40人に1人はいるということになります。

　こうしたデータから，いじめが決してまれなものではないということがわかります。

　この調査は，「今の学年になってから」という条件つきでの質問ですから，以前にいじめたり，いじめられたりした経験があるかどうかは聞いていません。いじめられた経験をもつ子どもは，いじめることに対しても心理的な抵抗が少なくなることが考えられます。ですから，いじめの加害者たちも，過去にいじめられた経験があるかもしれませんし，児童虐待にまで至らなくても，家庭でこころない言葉を浴びせられた経験があるのかもしれないと感じています。そのように考えないと，次にお話しするいじめの起こる背景において，あまりにも加害者と被害者に共通点が多いことの説明がつきません。

2. いじめへの対応

［1］いじめの起こる背景

　前述した青少年保健行動調査の回答結果の中から，いじめの被害者と加害者に共通していたのは，
- 先生が自分たちをきちんと扱ってくれない。
- 自分をクラスが受け入れてくれない。
- 友だちが助けあわない。
- 自分が一人ぼっちになりやすい。
- 抑うつ度が高い（第4章参照）。

　などと感じていたことがあげられます。被害者が抑うつ度が高くなることは当然ですが，不思議なことに加害者も抑うつ度が高くなっていました。抑うつ度のほかにも先生や友だちの問題，一人ぼっちになりやすいなどが共通してみられています。ですから，子どものいじめの問題を扱う時には，加害者と被害者として，はっきり図式化して区別することには無理があるように思われます。

　上記の共通の項目以外に，いじめの加害者に特有なものとして，
- 飲酒，喫煙の頻度が高くなる。
- 頭痛や背中の痛みなどの不定愁訴を感じやすい。
- わけもなく疲れる。
- 眠れない，落ち着かない，心臓がどきどきする，学校の印象が良くない（男子のみ）。
- いじめはおもしろいと感じる，自分がいらいらする，困った時に先

生が助けてくれない（女子のみ）。

などがみられています。

また，同様にいじめの被害者に特有なものとして，
- 泣いたり，泣きたくなったりすることがある。
- 気分がすっきりしない。
- 現在の学校の印象が良くない。
- 一人ぼっちだと感じる，気楽に決断ができない，人生は充実していない（男子のみ）。
- 以前よりも食べなくなっている，両親は喜んで学校に来てくれない（女子のみ）。

などがみられました。

これらの項目を見ていて気がつくのは，いじめの加害者も被害者も日常生活の質が高いものではないということ，いじめの頻度が増加するにつれて，抱えるこころの問題も悪化することです。そして，両者に共通することとして，抑うつ度が高くなることにも触れましたが，いじめの加害と被害をともに経験している場合にはさらに高くなります。抑うつが，自殺の危険因子であることも考えると，いわば，かなり追い詰められているような状況になっているとも考えられます。

［2］学校での対応
◉──いじめは存在し，かつ把握しきれていない

いじめにどう対応すればよいのか。よく耳にするのは，子どもたちにいじめられたら声を上げるようにというものです。声をあげろと言っても，子どもたちは簡単に声をあげられるわけではありません。

まず，学校側がいじめは存在するのだという認識をもち，その前提を受け入れることが必要です。常にいじめは存在するのです。見えて

いるか見えていないかの話ではなく,いつも存在し得ることを念頭に置き,決して把握できているいじめだけではないという前提に立つことも必要でしょう。

●――できるだけ早いうちに対応する

そして,いじめに対してはできるだけ早いうちに対応するという認識をもつことも大切です。見た時点,聞いた時点が本当に早いのか遅いのか,それはわかりません。しかし,その時点でそのまま放置すれば,確実に時間がたち,解決はより困難になりがちです。そして何より,子どもたちの傷も深くなります。

●――教師への信頼感の回復

それから教師への信頼感の回復も重要です。これは教師が子どもと友だち関係になることではありません。今や子どもたちに人気のある教師は,子どもたちにとって友だち関係にある教師で,一緒に泣いたり,笑ったり,怒ったり,喜んだりしてくれることが,ある意味で教師の理想像となっている部分があります。しかし,そうではなくて,信頼される教師とは時には厳しく怒りもしますが,子どもたちを一人の人

いじめへの対策:学校

- いじめは存在するという認識
- いじめは把握しきれていないという認識
- いじめは早いうちに対応するという認識
- 教師への信頼感の回復
- 学級経営の改善と学校の整備
- 飲酒・喫煙に対する対応
- 相談体制を整備する

間として理解し，きちんと受け止めてくれますし，自分が子どもたちを導いていく存在であることを認識している教師です。この点は，しばしば学校でもあるいは家庭でも誤解されているのではないかと思います。

●──学級経営の改善と学校の整備

学級経営の改善と学校の整備も重要です。たとえば，3学期の時点でいじめが明らかになっても，すぐにクラス替えがあるからということで，迅速に対応しないということが時にみられます。これは，いじめの問題だけではなく，クラスの中で人間関係上のトラブルが起きているときでも同様です。この手の問題は，クラス替えをすればそれでよいという単純な問題ではありません。その時に，その問題の根本に対してきちんと対応しなければ，次の学年，あるいは卒業してしまってからも，周囲とうまくいかなかった，いじめられたという思いをもち続けることになり，抑うつ状態を抱えたままの子どもたちが散らばっていくだけのことになります。学校の整備という点では，先の青少年保健行動調査の結果でも，自分の学校がきれいでないと感じる子どもたちが，いじめの被害者にも加害者にも多く存在していることがわかりました。

したがって，学校をきれいにしておくということが，いじめを減らすために効果のあることかもしれません。こうした視点から学校の整備を進めることも大切なことだと考えられます。

●──喫煙・飲酒などの問題行動を見逃さない

喫煙・飲酒などの問題行動についても，きちんと対応をしておくことが必要です。いじめの加害者では，喫煙・飲酒の頻度が高くなることはすでにお話しましたが，いじめとして表に出てこないとしても，こうした問題行動に気づいた時点で，きちんと対応をすることが，起

こるかもしれないいじめを防ぐことにつながる可能性があるのです。

●──相談体制の整備

相談体制を整備することも非常に重要なことです。相談体制を整備することによって何が変わるかというと，子どもたちが相談をしたいときに行くべき窓口がはっきりするということです。通常，最初に相談をもちかける窓口となるのは担任の教師が多いでしょうが，実際には，困った時にはどの先生でもかまわないのです。保健室の養護教諭やスクールカウンセラーというケースもあるでしょう。

私の希望としては，子どもたちが困ったときに相談に行く窓口の役目を校長先生が果たしてくださるといいなあと思っています。開かれた校長室に，困った子どもが相談に行くことができれば（ハリーポッターのダンブルドア校長先生のように），校長先生であれば解決のために必要な手段をもっともとりやすいとも思うからです。とにかく，困った時はここに駆け込めばきちんと受け止めて話を聞いてくれるというシステムを，学校内に整備しておくことが大切なことです。学校の先生個人に，その役割を押しつけてしまうと，その先生が転任したり，休んでしまったりすると機能しなくなるということもありますので，学校全体のあくまでシステムとして整備することが重要です。

私はこれまで，さまざまな相談に対応するためや児童・生徒の行動観察などで多くの小中学校を訪問してきました。私の印象としては，子どもたちが明るく笑顔で「あいさつ」をしている学校では，いじめの件数も少なく，深刻化することも少なかったように思います。

[3] 家庭での対応

家庭ではいじめへの対応というより，いじめを早期発見すること，できれば予防することが大切です。それには何でも話しあえる保護者

の存在が必要ですし，思春期では女子にとっては母親の存在，男子にとっては父親の存在が大きくなってきます。片親の場合には，父親，母親の役割をどのようにうまく使い分けていくかが重要です。思春期は「自我の形成」の時期であり，親とのかかわり方もそれまでとは違ってきますから，幼児を扱うように思春期の子どもに接してみてもうまくはいきません。いきなり「ああしなさい，こうしなさい」と指示するのではなく，子ども自身に考えさせ，そこから出てきたものについて話しあう姿勢が求められています。

とくに注意したいのは，被害者，加害者を問わず，また，いじめの始まった時期であれ，継続している時期であれ，頭痛，腹痛，背中が痛い，いらいらする，眠れないなどの不定愁訴が多くみられるということです。不定愁訴を子どもが訴えている時に「気分の問題でしょ」「しっかりしないからそういうふうになるの」という対応をするのではなく，その訴えを受け止めて一緒に考えてあげましょう（第4章参照）。

さらに，学校に行きたくないという「登校渋り」があった場合には，単に「頑張りなさい」「元気を出して」と励ますだけではなく，どうして行きたくないのかきちんと話を聞くことが大切です。気軽に話せる家族でなければこれはできません。もちろん，なかなか話したがらな

いじめへの対応：家庭

- 話しあえる両親の存在
- 女子にとっては母親の存在，男子にとっては父親の存在が重要
- 不定愁訴に「気分だ」と対応しない
- 登校渋りには，単に「励まさない」
- 何よりも家庭でのコミュニケーション

いことがあるでしょうが，それでも子どもが話すまで聞きましょう。

［4］相談を受ける中で

　相談の場には，自分の子どもがいじめられていると興奮して来られる方，自分の子どもがいじめに加わっていると悩んでいる方，自分のクラスでのいじめにどう対応すればよいか悩んでいる先生，そして時にはいじめられている子どもたち本人がやってくることもあります。

　私の立場からすると，周囲の人の話を聞きながら，こんなに困った状態になるまで，一体何をしていたのだろうかと感じることがあるのは事実です。しかし，だからといって，周囲の人たちを責めているわけではありません。こうした相談を受けるたびに，やはり，少しでも早くいじめがあるということに気がつき，少しでも早く対応することの大切さが身に染みてくるわけです。

　相談の場では，その子にとって，今何が必要で何をすればよいかを一緒に考えていくことになります。何度もお話しているように，いじめの問題は加害者・被害者と簡単に割り切れる問題ではありません。子どもたちの抱えているいろいろなこころの問題が，いじめという行動の形であらわれている場合は決して少なくないと思いますので，良い悪いと一刀両断するのではなく，子どもたちがどんな思いを抱えているのか，子どもたちの声に耳を傾けながら一緒に考えていくことが大切だと考えています。私にできることは，話を聞いて一緒に考えること，そして必要があればほかの保護者の方や学校にも共通認識をもっていただけるように努力することだけです。

　「いじめは良くないことである」「いじめは犯罪である」と，よくいわれます。しかし，いじめの意味するところはそれだけではなく，人権侵害であるということを忘れてはなりません。第59回人権週間の標

語では,「国民一人ひとりが,命の尊さ・大切さや,自己がかけがえのない存在であると同時に他人もかけがえのない存在であることを真に実感し,お互いの人権を尊重しあうとともに,『思いやりの心』と『かけがえのない命』を大切にすること」と謳われています。生まれながらに与えられている自分を大切にし,他人を尊重すること,そのことが侵害されてしまうのがいじめなのです。

　繰り返しますが,いじめが良くないことは誰でも知っています。しかしいじめは,子どもたちだけではなく,大人や高齢者の世界でも起きているのです。いじめが人権の侵害であることは先にもお話した通りですが,いじめの背後にしばしばみられるのは,自分への評価,セルフ・エスティームの低下です。それが低下していれば,あるいはある行動をとらなければそれが低下すると感じていれば,いじめに走ることは想像に難くありません。個人個人のセルフ・エスティームを上昇させるためには,社会のゆとりも,個人のゆとりも大切だと考えられます。

　人権のこと,セルフ・エスティームのこと,これらを社会が共通の認識としていくことが,本当の意味でのいじめの根絶につながっていくような気がします。

[参考文献]
＊1──『いじめ問題ハンドブック』日本弁護士連合会　こうち書房　1995
＊2──『いじめ こうすれば防げる』ダン・オルウェーズ［著］松井賚夫,角山剛,都築幸恵［訳］川島書店　1995
＊3──『いじめ』森田洋司,清水賢二　金子書房　1994
＊4──『アンケート調査による小中学生におけるいじめの実態調査と精神保健学的検討』平岩幹男　東京女子医科大学雑誌　69:616-63,1999

第10章

眠らない子どもたち，
眠れない子どもたち

1. 眠りは生活の基本

　食べることと眠ることは，人間にとって生活の基本です。しかし，子どもたちの様子をみていると，睡眠の問題は食に比べて軽視されているように思えてなりません。

［1］眠るということ
●——ノンレム睡眠とレム睡眠
　眠りとは何か，これについては昔から数多くの方が研究されていますが，結論は「起きていない状態」だということです。眠りの中には目が激しく動くレム睡眠と，一般的に考えられている眠りのノンレム睡眠があります。レム睡眠は1953年に発見され，寝ているのにもかかわらず目が激しく動いて夢を見ているような状況の睡眠です。ノンレム睡眠は深さの面で，浅い眠りから深い眠りにまで分かれます。これは脳波を記録するとその深さがよくわかります。このノンレム睡眠の間に，成長ホルモン，性ホルモン，それからメラトニンという1日のリズムを作るホルモンなどが，分泌されるということもわかってきました。

　ノンレム睡眠とレム睡眠はいわば一つの睡眠のセットになっており，セットとしての周期があることがわかってきました。赤ちゃんではだいたい40分～60分，大人ではだいたい1時間半～2時間の周期があるということがわかってきました。この周期のセットを寝ている間は繰り返すわけです。

　脳がどのように活動しているのかを見るのに，たとえば脳のブドウ

糖の代謝を観察する方法があります。これはポジトロンCTという方法です。具体的には，起きている時と寝ている時とで，脳のブドウ糖の使用量を比べるわけです。大脳皮質は，寝ているときのほうが10〜20％減ってきます。しかし延髄や，橋（きょう）など，生命のリズムをつかさどる場所はほとんど変わりません。

●──朝，起きて光を浴びることが大切

多くの人は決まった時間に寝て，決まった時間に起きることが多いわけですから，人間の体内時計，体のリズムも24時間周期かというと，実際にはそれよりも長い，24.2時間あるいは25時間くらいだといわれています。このちょっと長めの体のリズムは，朝起きてから光を浴びることによって24時間にリセットされるということもわかってきました。ですから，夜更かしをして朝の光を浴びない状態になると，長めの周期に沿って昼夜逆転になりやすいということになります。朝，起きてから光を浴びることは睡眠だけではなく1日のリズムを作る上でも重要なことのようです。

●──十分な睡眠時間とは

どのくらい眠れば十分なのか，ということもしばしば議論の対象になります。もちろん年齢によっても違いますが，成人の研究では7時間くらいだろうといわれています。4時間以下だと男性で62％，女性で60％死亡率が上がり，逆に10時間以上の場合も男女とも死亡率が上がることがわかってきました。子どもの睡眠の大家である東京北社会保険病院の神山潤副院長によれば，10歳ではだいたい9時間くらい，15歳では8時間くらい寝ればよいのではないかとのことでした。もちろん睡眠の深さやレム睡眠とノンレム睡眠のセットの長さなどに個人差があるので，必要な睡眠時間は昼間眠くて困らない程度ということではないかとのことでした。

◉──睡眠を妨げるものは

　睡眠を妨げる要素として一般的にいわれていることは，寝る前に熱いお風呂に入ることやカフェインの摂取，遅い夕食，運動不足や飲酒・喫煙などがあげられています。カフェインは覚醒作用がありますし，遅い時間に夕食を食べると消化のために胃に血液が集まり，胃が活発に動き出してしまいます。こうなると，体は休む状況にはないので眠りにつくことが難しくなります。また運動不足だと体そのものが疲れないですから，睡眠欲求が減ってしまいます。喫煙は脳の血管を収縮させますから，眠ることはできません。飲酒をすると，眠くはなって寝てしまっても，途中で目が覚めてしまい，熟睡はできません。思春期の飲酒・喫煙はもちろん法律違反ですが，実際にはそれほど珍しいことではないというのが現実です。

　これまで述べてきたように，快適な睡眠を得るためにはそれぞれに適した睡眠時間を確保することや，朝，きちんと起きて朝日を浴びることをはじめ，規則正しい生活を欠かすことができません。夕食が遅くなれば，当然寝る時間も遅くなり，朝も起きられなくなるものです。朝きちんと起きられなければ，体内リズムは狂ったままで，1日中調子が悪いということになります。

　たとえば，学業成績です。就寝時刻が遅いという子の中には，睡眠時間を削って，夜遅くまで勉強しているという子もいるでしょうし，実際，そうして良い成績をとっている子もいるでしょう。しかし，いっぽうで就寝時刻が遅い子たちの成績が悪くなるという報告があるのも事実です。就寝時刻が遅くなれば，当然睡眠時間が減り，睡眠時間が短くなれば昼間の活動性や集中力が低下します。学力も低下するのではないかと思われます。

　また，最近では，睡眠不足が肥満につながるという，睡眠と肥満の

関連も指摘されてきました。動物実験でも睡眠不足により食欲を増進させるホルモンが増加し，食欲を抑えるホルモンが低下するという報告もあります。

［2］子どもたちの現状
●──眠らない子どもたち

子どもたちが眠らないというのは，最近では小中学生だけの問題ではなく幼児期からの問題になっています。図 10-1 は，私が乳幼児健診の際に調べたデータです。3歳児でも約 80％の子どもたちが，夜9時まで寝ていません。23時以降に寝る子どもたちも約5％ほどいました。子どもたちは，幼児期の段階から眠らなくなってきています。

もちろん，子どもたち自体が忙しすぎるという問題もあります。以下に示すのは，ある中学校2年生の1日です。

　　朝7時に起床，その後，朝食を食べて学校に行く。
　　8時20分から15時30分まで授業や給食。
　　16時から18時までクラブ活動，その後，いったん家に帰り，
　　19時から22時まで塾。
　　22時過ぎに帰宅。
　　それから夕食を食べてお風呂に入り，その後に少しゆっくり

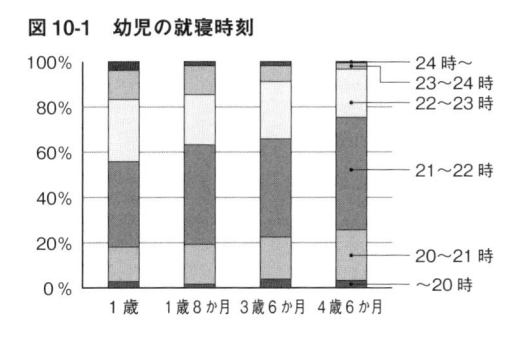

図 10-1　幼児の就寝時刻

して音楽を聴いたりマンガを読んだりするともう午前1時になりあわてて眠る。

次の日も朝7時に起きるので結局6時間しか眠れない。

ということでした。どれを切り詰めるかは難しい問題ですが，忙しいしわよせが睡眠にきていることは確かです。

小学校5年生から中学校3年生までの就寝時刻を調べた結果が，図10-2のグラフです。小学校5年生の男子でも20％，中学校2年生では男子で76％，女子では85％が23時以降に寝ていました。この結果を見ても，子どもたちが早寝早起きではないことがわかります。この調査は，学校でおこないましたので登校してきている子どもたちだけが対象ですが，だいたい7時頃に起きる子どもたちが大部分でした。6時前に起きる早起きの子は，小学校5年生では10％程度ですが中学校3年生ではほとんどいませんでした。

図10-3は，「朝，どうやって起きているか」を調べた結果です。もちろん一番よいのは自然に目が覚めるということだと思いますが，自然に目が覚める子どもは年齢とともに減少しており，起こしてもらうという子どもが増加しています。小学校5年生から中学3年生までの5学年全体で見ると，自然に目が覚める割合は25％以下です。睡眠が

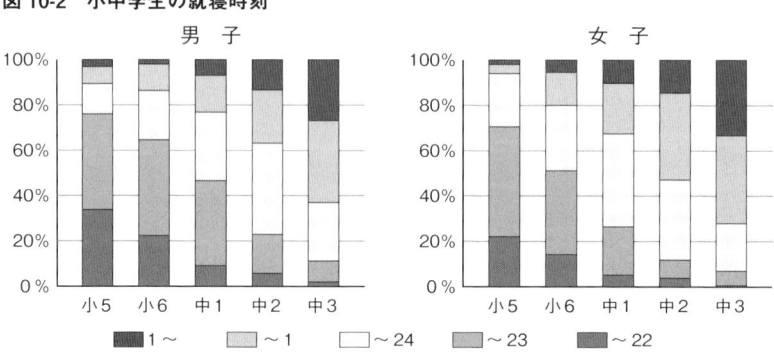

図10-2　小中学生の就寝時刻

男子／女子の積み上げ棒グラフ（小5・小6・中1・中2・中3）

凡例：■ 1〜　　□ 〜1　　□ 〜24　　■ 〜23　　■ 〜22

質量ともに十分であれば自然に目が覚めることが多くなると考えられますが、子どもたちへの調査の結果ではこのような結果になっています。十分な睡眠をとる、十分に眠っている子どもたちは年齢とともに減少しているわけです。

また、第1章で「休みの日には何をしたいですか」という質問に対する答えをグラフで示しましたが、サラリーマンでもないのに寝ていたい、のんびりしたいという子どもたちが年齢とともに増加していました。就寝時刻との関連を調べてみても、就寝時刻が遅い子ほど、休みの日にはのんびりしていたい、寝ていたいと答える傾向が強くなっています。小中学生の頃から寝る時間が遅いと、休みの日にはのんびりしたい、寝ていたいという回答が増え、出かける、勉強する、何か好きなことをするなどの答えが減ってくる、これが現状です。

また、朝、疲れを感じる子どもたちがどのくらいいるかを尋ねてみても、就寝時刻が遅い子どもほど朝、疲れを感じている傾向が強いことも明らかになりました。これも睡眠の量や質が十分ではないことのあらわれであるように感じられます。第4章で触れた、抑うつの問題についても同様です。就寝時刻の遅いほうが、抑うつ度も強くなるという関連もありました。眠れないから抑うつ度が強くなるのか、抑う

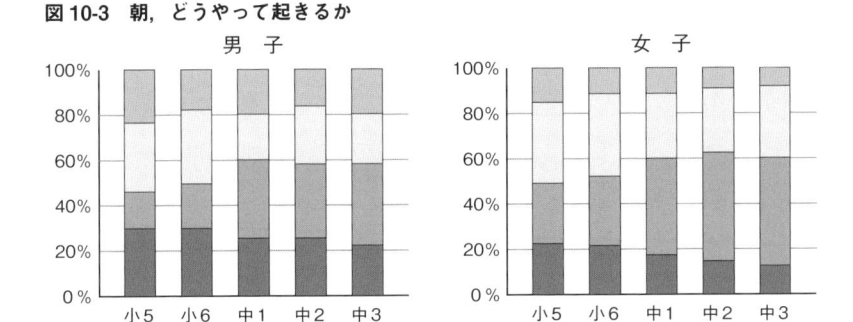

図10-3　朝、どうやって起きるか

男子／女子　凡例：決まっていない／起にしてもらう／時計で起きる／目が覚める

つ度が強いから眠れないのかは明らかではありませんが，睡眠不足は子どもの精神保健の面からは大きな問題です。

　さきほど睡眠不足と肥満の話題に触れましたが，調査の中でも就寝時刻が遅くなると体重を減らしたいと考えている割合が増えることが明らかになりましたし，自分が太っていると感じている割合も増加しました。

　このように子どもたちの就寝時刻は遅くなっており，それは当然のことですが，睡眠時間が短くなることにもつながっています。眠らない子どもたちは睡眠自体の問題だけではなく，生活のさまざまな面やこころの問題にまで影響が出ていることがわかっていただけると思います。

●──眠れない子どもたち

　驚くべきことといってよいかはわかりませんが，ごく当たり前の中学生が，眠れないから睡眠薬がほしいと外来に来ることがあります。最初は驚きましたが，保護者もそれに同意して外来に来ているわけですから，しかたがありません。もちろん，すぐに睡眠薬を出すことはありませんし，生活状況やこころの問題にも触れてアドバイスを出すに止めることが多いわけですが，時にはそうした訴えの背後にうつ病が隠れていることもあります。「眠れない」という訴えは，今の小中学生でも珍しいものではないということです。

　図10-4 は，どのくらいの頻度で眠れないと感じるのかを調べた結果です。年齢によってはっきりとした差が出ているわけではありませんが，眠れないと自覚し訴えている子（「いつも眠れない」＋「しょっちゅう眠れない」）が，10％程度います。この結果を別の質問と比べてみると，わけもなく疲れる頻度が高くなることや，いつもよりいらいらする頻度も高くなるということが明らかになりました。いらいらするから眠れ

図10-4　眠れないと感じる頻度

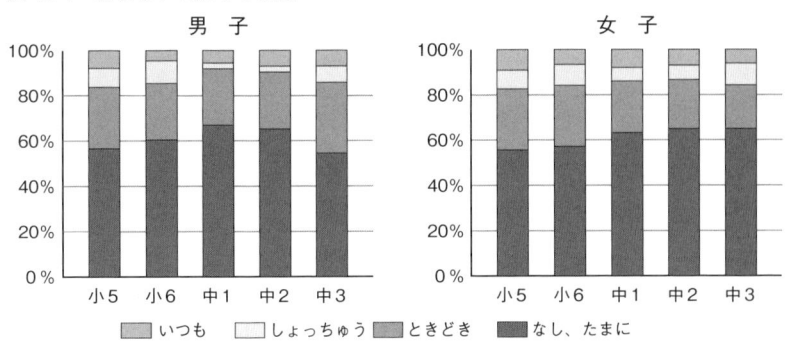

男子／女子の棒グラフ（小5，小6，中1，中2，中3）
凡例：いつも　しょっちゅう　ときどき　なし、たまに

ないのか，眠れないからいらいらするのかはわかりませんが，不眠を感じることが疲労やいらいらと関連することは確かなようです。

　抑うつ度の強い子どもたちは，眠れないという訴えも多いということがわかりました。また，眠れないだけでなく頭痛を訴えたり，腹痛を訴えたりしやすい，幸せだと感じる割合が低くなる，一人ぼっちだと感じやすい，家に帰った時にほっとしないなどの日常生活上の問題とも関連しています。キレるという問題についても，眠れないと感じている子どもたちのほうがキレる頻度が高くなることが青少年保健行動調査からも明らかになりました。

　このように眠れないと感じている子どもたちが約10％もいて，それらの子どもたちがさまざまな問題を抱えているというのが現状なのです。

2. 睡眠と健康

[1] 睡眠に関連する病気

❖睡眠時無呼吸症候群

　代表的なものは，睡眠時の無呼吸症候群です。成人では突然死との関連からも問題になっていますが，子どもにもみられることがわかってきました。具体的には，睡眠時に一時的に呼吸が止まり，そして再開するという状態で，症状としては大きないびきと呼吸が止まる状況との繰り返しになります。

　子どもの場合には気道（空気の通り道）が狭くなることによって起きやすくなります。気道が狭くなることは，子どもでよくみられる扁桃腺の肥大にともなって起きる場合もあれば，肥満が強くなって起きる場合もあります。

　そのため，睡眠不足の子どもを診察する際には，喉や鼻などの診察が欠かせません。診察の結果，扁桃腺が肥大していたような場合には，睡眠時無呼吸症候群を疑い，睡眠中の様子をお母さんに観察してもらうようにします。観察の結果，この病気が疑わしいと思われた場合には，睡眠中の脳波の記録によって確認できる専門医療機関を紹介しています。

❖月経随伴睡眠障害

　一般的には20代，30代の女性が中心ですが，中学生でもときどきみられます。月経（生理）の前日や2日くらい前から月経の2日目頃まで不眠を訴えるものです。また，腹痛に加えて足のむくみ，いらいら，

関節の痛みなどがしばしば同時にみられ，月経が終われば症状は消失します。場合によっては睡眠薬などを一時的に使用することもありますが，中学生では月経周期が一定とは限らないこともあり，どの時期に使用するかが決めにくいため，お勧めはしていません。子宮内膜症の問題も考えて，症状が強い場合には子どもに対応可能な婦人科を紹介しています。

以上は，睡眠に直接関連する病気ですが，私の経験ではこうした直接的な病気による睡眠障害というよりも，うつ病による睡眠障害が多いように感じています。そして，それ以上に多いのは「生活習慣の問題」による睡眠のトラブルだと思います。

［2］満足できる眠りのために

「満足できる眠りとは何か」というのは，難しい問題ですが，睡眠時間が長ければよいというものでもありません。最初にもお話したように，その子にちょうどいい長さというものがありますし，途中で目が覚めずに熟睡できるという睡眠の質も重要です。また，布団に入ったらすぐ眠るということも守るべきことですし，早起きをして光を浴びることは体内時計のリセットにも必要です。

では，具体的にどうすれば良いかということです。

1日は誰にとっても24時間しかありません。その24時間のうちから必要な睡眠時間をまず確保し，それから残りの時間をどう分配するかということになります。自然と残された時間は限られてきますから，一つひとつのことに対して，いかに集中するかが鍵の一つとなるでしょう。今まで，宿題をするのにもなかなか集中できず，時間ばかりかかってしまっていたのが，集中して宿題をすることで，短時間で済むよう

になり，睡眠時間が少しは増えるかもしれません。しかし，先にも述べましたが，一つひとつのことを集中しておこなうとしても，今の子どもたちはとにかく忙しいのです。

　そうした生活の中で，大きく幅をきかせているものが，ゲーム，テレビ，IT（携帯電話のメールやパソコン，インターネットも含む）です。今の子どもたちの生活では，暗くなったら，夜になったら寝るというごく自然な現象が，これらの進歩によって妨げられているようにも思えます。子どもたちの眠りは危機的状況にあり，それが生活面のいろいろなところに影響を及ぼしてきています。子どもたちに良い眠りを保証するということは，子どもたちに快適な朝をプレゼントするということに，ほかなりません。

❖家庭での対応

　家庭での睡眠不足対策といえば，子どもに「早く寝なさい」ということが一般的ですが，子どもも決して暇ではありません。やりたいことはたくさんあるのに，時間がないので，どうしても睡眠にしわ寄せがいってしまいます。ですから「早く寝なさい」では，結局，布団に入ってからでもやりたいことを続けたり，考えたりしますので解決にはなりにくいのです。

　睡眠不足が疑われるときには，子どもの生活時間を親子でもう一度考え直す機会かもしれません。1週間168時間の表を作り，実際にどのように過ごしているのかを書き出して見直すことをお勧めしています。保護者にとっては必要と思われることでも，子どもはそう感じていないこともありますし，その逆もあります。親子で話しあって生活時間の見直しをすることもお勧めですし，ともに話しあって納得することも大切です。

　男子ではゲーム，女子では携帯電話が意外に就寝時刻を遅くしてい

ます。これらはまた，残像現象（やめた後でも光景や内容が頭の中によみがえる）が起きやすいので，やめてからすぐに布団に入っても，すぐに眠れるとは限りません。いったん買い与えて（お年玉などで子どもが自分で買っている場合もありますが同じことです），それから制限をすることは，子どもも抵抗しますし容易ではありません。ゲームの場合には，寝る前はさせないようにして，「朝起きてから」「学校から帰ってからすぐ」というようにすると，状況にもよりますが時間の制限がしやすいようです。平日は30分以内，学校が休みの日には1時間を目安にしてくださいとお話しています。

　携帯電話やメールの場合には，相手があることなので，簡単ではありません。保護者同士で話ができる場合には，話しあって22時までなどルールを決めましょう。あとは親子で話をする時間を増やしましょう。家族が自分の話を聞いてくれないと感じているときに，話を聞いてくれる友だちとの通話やメールは増加するものです。

❖学校での対応

　睡眠が十分に取れていれば，午前中は一番気分の良い時間帯のはずです。ですから午前中の授業で眠くなるということは，授業がよほどおもしろくないのでなければ，前の日の睡眠が十分ではなかったことが考えられます。無理やり起こすか，寝かせておくかということですが，寝かせておくわけにもいかないと思いますので，起こしてから立ち上がって背伸びをさせることがお勧めです。眠気がよほど強くない限り，とりあえず目が覚めます。

　このような状況が繰り返して起きる場合には，やはり睡眠の問題を考えておく必要があります。睡眠は先にもお話したように量（時間）だけではなく，質（眠りの深さ）の問題もありますし，生活習慣の問題だけではなく，精神的な問題を抱えていても質量ともに不足しがちです。

誰か信頼できる教員やカウンセラーが本人の生活状況や精神的な悩みについて聞いておくことが勧められます。生活習慣は学校での指導だけでよくなることはあまりありませんが，精神的な問題は誰かに話すことをきっかけに改善することが少なくありません。
　私もある中学校でおこなったことがありますが，睡眠の大切さ，睡眠不足の影響などについて授業の中で取り上げ，子どもたちに教えておくことも大切だと思っています。

　実際に子どもたちにインタビューをしてみると，自分の睡眠時間が少ないと感じていることが少なくありません。しかしどうすれば睡眠時間が十分とれるのか，どうすれば朝，起きたときに気持ちがいいのかについて聞いてみても，なかなか答えは返ってきません。早起きをすることや，夜にだらだらとしないで早く寝ること，それらの重要性については理解してくれます。しかし，なかなか実行には移せないようです。
　食事などに比べて，わが国では睡眠は軽視されています。睡眠の問題を子どもたちまかせにするのではなく，家族も含めて，周囲の大人たちも子どもの睡眠を守るために手を貸していく必要があると考えられます。

［参考文献］
＊1──『睡眠の生理と臨床』神山潤　診断と治療社　2003
＊2── http://www.hayaoki.jp/book.cfm
＊3──『眠れない』平岩幹男　小児科診療　7:11:1812-1815, 2007
＊4──『眠りを奪われた子どもたち』神山潤　岩波ブックレット　2004
＊5──『こどもの眠り』神山潤　めばえ社 2003

第11章

喫煙,飲酒,薬物乱用などの問題行動

1. 喫煙，飲酒

多くの保護者の方たちが，小中学生のわが子は喫煙とは無縁だと信じているものですが，実際には小中学生の喫煙・飲酒は珍しいものではなく，ときには薬物乱用もみられます。

[1] 子どもたちと喫煙，飲酒の実際

未成年者の喫煙・飲酒については，未成年者喫煙禁止法（明治時代に制定）未成年者飲酒禁止法（大正時代に制定）とで，法に違反するものとして定められており，どちらも歴史ある法律です。しかし，実際には，決して少ないとはいえない数の子どもたちが，習慣的にたしなんでいるというのが現状です。また，喫煙，飲酒は，無断外泊，異性との交遊などの問題行動との関連で取り上げられることもありますが，そうした子どもたちがすべて，それらに関連しているわけではありません。言ってみれば，とくに問題行動を起こさない子どもであっても，たしなんでいるわけです。

喫煙については，家庭内で容認されることは飲酒に比べて少ないですが，飲酒よりも無断外泊などの問題行動に頻度が高くなっているように感じられます。先に述べた調査の中でも喫煙習慣をもつ（週に1回以上たばこを吸う）子どもが，年齢とともに増加しており，中学校3年生では男子で3.8%，女子で2.1%に上っています（図11-1）。

飲酒については，未成年者飲酒禁止法が2000年に改正され，未成年者の飲酒を禁止することに加えて，保護者には「未成年者の飲酒を止

める義務」,酒類を扱う販売業者には「未成年が自ら飲む酒を販売してはならない義務」が定められました。しかし家庭内では,未成年者の飲酒は法に反するという意識が乏しく,飲酒が容認されがちであり,飲酒は小中学生にもおよんでいるというのが現状です。

　私がおこなった調査でも,飲酒習慣をもつ(週に1回以上飲酒する)小中学生は学年とともに増加し,中学校3年生では男子で5.8%,女子で5.1%に上ります。小学校5年生でも何と男子で1.3%,女子で1.9%もいます(図11-2)。法律で禁止されているからだめだという問題ではなく,思春期には成人よりも依存性が強くなりやすいといわれており,実際に依存症になった子どもにも出会ったことがあります。

図11-1　喫煙の頻度

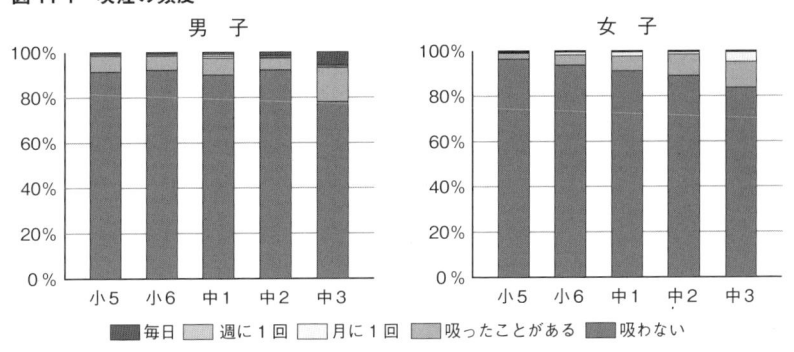

凡例: 毎日　週に1回　月に1回　吸ったことがある　吸わない

図11-2　飲酒の頻度

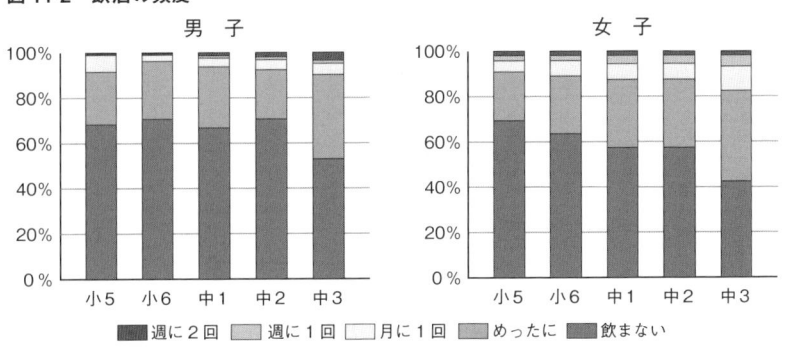

凡例: 週に2回　週に1回　月に1回　めったに　飲まない

［2］未成年の喫煙をめぐる問題

　喫煙については，すべての年齢で有害であることが証明されていますし，思春期には記憶力の低下がみられるという報告もあります。したがって，とくに思春期では依存性が形成されやすいことも考えると，喫煙対策が必要です。

　私のところに相談に来た子どもたちでは，リストカットや妊娠の相談に来る子どもで喫煙をしているということはそれほどありませんが，無断外泊を繰り返す子どもたちでは喫煙習慣をもっている子どもが多いように感じています。ですから，喫煙という行為は，そのほかの問題行動により結びつきやすいのではないかと感じています。

❖喫煙広告の罠

　最初の罠は，「たばこは大人になってから」というスローガンで，たばこの自動販売機などにも堂々と掲げられています。また，学校での禁煙教育でもこう唱えている場合があります。しかし，「大人になればたばこが吸える」ということは，たばこは大人の象徴と理解されるということもあるのです。早く大人になりたい，大人にみられたい子どもたちは，当然のようにたばこを吸ってみることになります。

　次の罠は，「吸うならば軽いたばこ」というスローガンです。確かにたばこのパッケージの横にはタールとニコチンの量が印刷されていますし，その量はたばこによって大きく異なりますから，軽いたばこは存在するように見えます。思春期のたばこ問題に詳しい静岡市の加治正行先生によれば，たばこのニコチンやタールの量は一定の燃焼試験で得られたデータであり，使っている葉は同じなのだそうです。単に空気で薄めるための穴が開いているから軽くなるだけで，軽いたばこならば大丈夫だという考え方は常習性を助長するだけであるということでした。大人の喫煙者でも知らない人が多いと思います。

三番目の罠は「若いうちにはすぐにやめられる」という俗説です。実際の成人の喫煙者の80％以上の喫煙開始年齢は10代であるという調査もありますので，若いからすぐやめられるのではなく若いうちに吸い始めれば大人になってもずっと吸うようになると考えるほうが妥当です。

❖卒煙の問題

　実際に，習慣的に喫煙をしている子どもたちがいるという現実を考えると，思春期において防煙，禁煙教育をすれば十分というわけではありません。前述した加治先生は思春期を対象とした卒煙外来を実際におこなっておられ，成人の禁煙のために使用するニコチンパッチ（皮膚に貼りつけてニコチンを徐々に放出するため，ニコチンの禁断症状が出にくく，禁煙につながりやすいと考えられています。量によって3種類あります）を実際に処方しておられます。ただ，このニコチンパッチには健康保険が効かないという問題があるそうです。禁煙外来を設けている医療機関では保険適用でニコチンパッチを処方することができますが，対象は喫煙指数（1日あたりの喫煙本数×喫煙年数）が400を超えないと適用にならないので，思春期の子どもたちでは対象になりません。喫煙開始後間もない子どもたちは，ニコチンパッチによって禁煙が可能な子どもたちが多いので，残念なことだと話しておられました。もちろん卒煙教育をおこなうということは，喫煙していることが前提になりますから，それを認めたくない家庭や学校の反発もあります。わが子や自分の学校の生徒の喫煙を認めたくないという気もちはよくわかりますが，喫煙が習慣化している多くの子どもたちが存在していることは事実です。そういう子どもたちの体のことを第一に考え，事実を受け入れること，そして，子どもたちのためにどのような対策をとるのが望ましいのかを考える必要があると思います。

一般的には，喫煙を見つけると罰を与えることによって禁煙に導こうという対応がとられがちです。しかし，未成年であっても，たばこが極めて簡単に入手できるわが国の環境を考えると，たばこのない環境で子どもを生活させることは困難です。未成年がたばこを入手できないような環境整備はもちろんですが，仮に吸い始めてしまったとしても確実にやめさせていく，卒煙教育などの対応が必要と思われます。

❖**たばこの自動販売機の問題**

　わが国は自動販売機大国ですが，たばこの自動販売機がどこにでもあるというのは世界的に見ても大変珍しい状況です。今では数も減っていますが，いわゆる町のたばこ屋さんによると，昼間は対面販売をおこなっているが，売り上げの90％は自動販売機であるとのことでした。実際，たばこ屋のほとんどに自動販売機が設置されていますが，たばこには夜間でもほしくなる依存性があるという証明でもあります。こうした状況は，もちろん思春期の子どもたちも容易に購入できるということでもあります。

　思春期の子どもたちを喫煙の問題から守っていくためには，家庭や学校での教育も必要ですが，実際に入手しにくくする必要があると思います。

　たばこの自動販売機は，2008年からtaspo（タスポ）などの認証カードを入れて購入する成人識別装置つきのものに徐々に変わっていきます。しかし，認証カードは借りることもできますし，これだけ，インターネットが普及しているのですから，そのうちにインターネットでも不正に買えるようになってしまうのではないかと，懸念しています。こうした対応だけでは，未成年者の入手を防止するには十分とは言えないような気がします。

　もっとも確実なのは，大人の目が届かない自動販売機を撤廃して，

対面販売のみとすることではないでしょうか。

［3］未成年の飲酒をめぐる問題

　飲酒については成人ではアルコール依存症や肝臓障害，自律神経障害など，長期間にわたる過度の飲酒の健康被害は証明されていますし，一時に大量に摂取すれば急性アルコール中毒となり，時には死亡することもあります。子どもたちが保護者のいないところで飲酒をすると，しばしば急性アルコール中毒の問題が起きます。私のところに相談に来た子で，毎日飲酒をしているという中学生もいました。思春期の子どもたちの場合，一定量の飲酒を続けるのではなく，短期間に飲酒量が増加する傾向があり，そのために成人よりも依存性が高くなりやすいのではないかといわれています。また飲酒の頻度が増加すると喫煙の頻度も増加しやすく，抑うつも強くなりやすいことが調査でも明らかになりました（第4章参照）。

　思春期の子どもたちの場合には，成人のように飲酒によって社会経済的な破綻を招くことは少ないために軽視されがちですが，飲酒による酩酊状態から性非行に走る場合や不眠のために寝る前に酒を飲む習慣ができてしまう中学生もいますので，決して軽視すべき問題ではありません。家族も含めて依存性や健康の問題を教えていく必要があります。

❖飲酒の広告と販売

　飲酒の広告については，たばこの広告に比べて規制がゆるやかであり，たとえばビールを飲むとすっきりするというようなテレビコマーシャルもよく見かけます。ビールを飲むと食事がおいしくなるというようなイメージをもたせる広告もあります。大人が生活の一部として楽しむことには，問題がないとしても，思春期の子どもたちにアルコー

ルへの印象を植えつけることには問題があるように思われます。

　また，たばこと同様に自動販売機の問題もあります。深夜は未成年の購買が制限されるようにはなってきてはいますが，多くの酒屋さんの前にはアルコール飲料の自動販売機があり，思春期の子どもたちも容易に入手することができます。私は，アルコール飲料もたばこと同様，対面販売に限る必要があるのではないかと考えています。

　実際に海外では対面販売も厳しくなっている国もあります。フィンランドでは酒屋は基本的に国営であり，アルコールの購入は，窓口で年齢を証明できるものを見せて初めて買うことができます。度数の低いビールは例外的にスーパーでも販売していますが。これは冬に夜が長いので，国民がアルコール依存症にならないようにという政策的な問題も背景にはあるようです。しかし，自動販売機は論外と考えられています。実際にフィンランドの方が日本に来られたときに，町にたばこやアルコールの自動販売機があふれているのを見て，どうして規制しないのか，規制しなければ子どもたちが買うだろうと指摘され，答えに困った経験もあります。

　手軽に入手できるという便利さは，時として子どもたちを巻き込み，子どもたちの不利益を，結果としてもたらすことがあります。

2. 薬物乱用

　薬物乱用は，通常は覚せい剤や医薬品などの乱用などを指しますが，広義には有機溶剤の中毒なども含んでいます。大きな問題となるのは覚せい剤で，最近ではそのほかの幻覚剤の問題もあります。実際の件数として多いのは有機溶剤やガスボンベ（通称ガスパン，ビニール袋にライターなどのガスを充満させ，順番に吸うなどがおこなわれている）であろうかと思います。

❖**覚せい剤の乱用**

　思春期の覚せい剤中毒については，私も一度だけ相談に乗ったことがあります。

　中学校3年生の男子で，小学校6年生の弟と父親の3人暮らしでした。夏休みに先輩の家で覚せい剤を勧められて試し，それが警察の知るところとなり検挙されました。とりあえず帰宅は許されましたが，アルコール依存症の父親に殴られて家出し，叔母の家に引き取られて，私のところに相談に来ました。中学生の間は本人が来ていましたが，卒業後はときどき叔母から連絡があるのみとなってしまいました。相談の場では，いろいろな話を積極的にしていましたが，将来への希望や目標は立てることができませんでした。

　成績は中くらいで，それまでにとくに問題はありませんでしたが，覚せい剤のことがあってからは夜間の外出や無断外泊をおこなうようになり，中学校卒業直前には窃盗で再び検挙されました。高校は入学したものの不登校を繰り返し，1年生のときにまたも覚せい剤使用で検

挙されてしまいました。叔母が引き取りましたが，その後家出し，消息がわからなくなっています。警察の少年係の方ともお話しましたが，高校1年で検挙したときに少年院に入れておくべきだった，おそらくまた覚せい剤を使用しているだろうと聞かされました。

　警察庁の統計では2000年頃に比べると減少してはいますが，2006年に覚せい剤使用で検挙された中学生は11人，高校生は44人でした。覚せい剤としてはメタンフェタミンがもっとも一般的で，経口剤，注射剤があります。習慣性はきわめて強く，また中毒になった場合には中断後に幻覚，睡眠障害などの症状を呈するといわれており，再度使用した場合には，幻覚，妄想などの精神症状が出やすいといわれています。

　警察の話では，覚せい剤をやめさせるためには，隔離して施設に収容し，使用環境から完全に分断することが原則ということですが，再犯率は70%を超えるだろうとのことです。

❖ 医薬品の乱用

　医薬品の乱用はハルシオンなどの睡眠薬の乱用がもっとも多いとされていますが，最近ではメチルフェニデート（商品名：リタリン）が問題になっています。思春期には医薬品に接する機会も少ないことから，それほど多くはないとは思いますが，依存性のある薬物を処方せざるを得ない場合もありますので，思春期であっても医薬品の乱用には注意が必要だと思います。

　第10章でもお話しましたが，中学生が眠れないからと睡眠薬をもらいに来ることもある時代です。私は思春期の子どもたちへの睡眠薬はできるだけ処方しないことにしていますが，どうしてもという場合には，依存性の比較的少ない薬剤を基本的には7日間まで処方しています。本人が，飲まずにためておいて乱用するというケースもありますが，

そうした事態は避けなくてはなりません。

❖有機溶剤の乱用

　有機溶剤の乱用は手軽であり，友だちの輪を伝わって広がりやすいこと，飲酒，喫煙，性非行などの問題行動に関連しやすいことが考えられます。シンナー，トルエンなどが代表的ですが，マニキュアの除光液や塗料なども使用できますので，入手は容易です。長期の乱用で脳が萎縮し，記憶力や知的能力の低下が起きるなど，治らない精神・神経症状を来たすことが知られています。手の震えや声が出にくくなる障害もみられます。

　薬物乱用といえばすぐに覚せい剤を思い浮かべますが，入手のしやすさなどからは有機溶剤のほうが簡単ですので，その恐ろしさをもっと子どもたちにも知らせていく必要があります。

　そのためには「ダメ，ぜったい」という標語に示されるように，覚せい剤を中心としたキャンペーンばかりではなく，有機溶剤の恐ろしさを学校教育の中でも取り入れ，その悲惨さを教えておく必要があると考えています。性教育と同じように，「教えればやってみたくなるかもしれないから教えない」では，悲劇は止まりません。

3. 非行

　非行とは，道義にはずれた行為のことをいい，とくに青少年の法律や社会規範に反する行為のことをいいます。喫煙，飲酒をはじめとして無断外泊や深夜の徘徊，万引きや自転車盗，そして暴力行為などに至るまで多くの問題があります。

　少年法第1条では，以下のように定義されています。

「この法律は，少年の健全な育成を期し，非行のある少年に対して性格の矯正及び環境の調整に関する保護処分をおこなうとともに，少年及び少年の福祉を害する成人の刑事事件について特別の措置を講ずることを目的とする。」

　第2条では，

「この法律で少年とは，二十歳に満たない者をいい，成人とは満二十歳以上の者をいう。」

と定められています。

　警察庁の統計では，2006年に非行で検挙された少年は11万人あまりで，人口1,000人あたりでは14.8人になります。窃盗が6万件あまりと過半数を占めています。窃盗の中では万引きと自転車盗が主なものですが，商店などが以前は家庭に連絡をしていたものがただちに警

察に通報するようになり，警察官も夜間のパトロールの際に一人で自転車に乗っている子どもには積極的に声かけをするようになってきたことから見つかりやすくなっています。

　公衆の面前での暴行などを別にすると，暴力行為は受けた側が訴えないと非行とはなりにくい面がありますし，学校内での暴力行為なども隠されている場合があります。性被害も同様で，被害届がなければ捜査ができないことから，すべてが明らかになっているとは限りません。

　思春期の相談において，非行そのものを主題として扱うことは多くありません。私の場合にも相談の目的が，非行であることはまずなく，無断外泊や不登校の相談を受けている中で，法律に触れる行為をおこなっているという話を耳にする場合が多くなっています。これらの子どもたちは，思春期にさまざまな問題を抱える子どもたちと同様，自己への評価が低く，いらだちを感じていることが多いような印象を受けています。そして，やはり，子どもたちが自分の言葉で語り始めることが，非行から脱する最初の一歩であるように思います。

　性非行の裏側には被害者がいます。私は被害者からの相談も強姦や性的虐待をはじめとして経験しましたが，いずれの相談も事件から時間が経過してからの相談でした。しかし残念ながら加害者の告訴にはなかなか至りません。そのためのお話もするのですが，忘れたいという気もちが強く，告訴によって思い出すことは避けたいと考えるようでした。

❖発達障害と非行

　実際の相談で受けることは少ないのですが，最近では発達障害に関連した犯罪が話題になっています。殺人事件などの際に加害者が発達障害，とくにアスペルガー症候群（私は高機能自閉症と呼んでいます）であ

ると報道されることが増加しており，こうした事件が報道されるたびに，私が相談に乗っている発達障害の子どもをもつ保護者の方から「うちの子も将来こうなるのではないか」という心配がしばしば寄せられています。また，非行が確認され，初めて高機能自閉症の診断が下されることも多く，こうした状況が発達障害は犯罪に関連しやすいという誤解を生む原因にもなっています。発達障害については第12章にまとめていますが，非行との関連については，ここでお話をします。

❖ ADHD（注意欠陥・多動性障害）

　自己への評価や自尊心の低さ（セルフ・エスティームの低下）がみられる場合に，しばしば反抗・挑戦性障害となり，非行をおこなう行為障害につながってくる場合があります。反抗・挑戦性障害では保護者や教師，友人など「知っている人」への暴力を振るう，暴言を吐くなどの敵対や反抗行動が中心ですが，行為障害では，公共のものを破壊する，盗みを働く，恐喝をするなど，第三者を含めた社会への敵対行動があり非行になります。

　反抗・挑戦性障害になった子どもたちを見ていると，保護者も子どもを扱いにくく，どうしてよいかわからないと感じていることが少なくありません。子どもの落ち着かない行動や衝動的な行動に対して，しばしば怒鳴ったり，また体罰を加えたりしていることも少なくありません。これでは子どもの自己への評価は上昇しません。手荒く扱われていれば，子どもはいつかそれを保護者にぶつけるようになります。多くの反抗・挑戦性障害では，このような背景がみられますので，まずどのようにして親子が「お互いに認めることができるようになるか」ということが，診察や相談でも重要になってきます。これは後遺障害に移行している場合も同じです。

　また，衝動的な行動から他人に危害を加えてしまうなど偶発的な行

動の結果が非行とみなされる場合があります。治療としては衝動や不注意の症状に対してメチルフェニデート（商品名：コンサータ）の投与が行動上の問題の解決に役立つ場合がありますが，自分に自信がもてるように自己への評価を上げ，日常生活のトラブルを減らすための社会生活訓練（social skills training：SST），行動療法やカウンセリングが，まずは必要であると考えています。SSTでは社会生活をおこなっていくために生活習慣を確立することを目的としますし，行動療法では「望ましい行動」を増やして「望ましくない行動」「破壊的行動」を減らすことを目的とします。カウンセリングでは子どもの思っていることについて十分に時間をかけて聞きます。反抗・挑戦性障害や行為障害に移行することを防ぐためには，自己への評価を低くしないことだと考えています。また知的な障害があるわけではないので，非行が事実であれば子どもと十分に時間をかけて納得し，どうすれば「その行動」を取らないですむかを考えておくことも大切です。

❖**高機能自閉症**（アスペルガー症候群との違いは第12章をご覧ください）

　殺人事件などで犯人に診断がくだされる場合があり，それが報道されることによって注目されます。行為障害の基準を満たすとは限りませんが，こだわりや自己評価の低さから非行と判定される行動をとる場合があります。

　たとえば興味のある本があれば，それが他人の所有物でも勝手に持っていく，他人の家に勝手に入って閲覧するなども起きますし，こだわりの一環として性非行に至る場合があるという報告があります。場の雰囲気が理解できない，手加減することができないために思わぬケガを負わせてしまうこともあります。しかし，非行や重大犯罪が一般人口に比べて多いかということでは，今までに相談や診療をおこなった経験からは決して多くないと感じています。

治療としては，高機能自閉症自体に有効な薬剤はありません。精神的な不安定に対しては，非定型向精神薬などを使用することがありますが，基本はADHDの場合と同じで自己への評価を上げ，日常生活を円滑にするためのSST，行動療法や相談が欠かせないと考えられますし，それによって場面におうじた対応やコミュニケーションが上達することが，非行の発生の減少にもつながると考えています。

　なお発達障害の場合には，冤罪という問題もあります。校内での窃盗の場合でも，暴力事件の場合でも，衝動的な行動がふだんから目立っていたり，場面の適切な説明ができなかったりするために犯人扱いをされることがあります。私も高機能自閉症の子どもが窃盗事件の犯人と目された冤罪事件の相談の経験があり，真相がわかるまでには時間がかかりました。

　冤罪とわかったとしても，それまでに疑われ，傷ついた子どものこころのフォローには長い時間がかかります。周囲との関係を修復することも容易ではありませんでした。相談を続けているうちに，少しずつ子どもも明るくなり，今では忘れているように見えます。しかし，こころの底には，忘れがたい記憶として残っているのかもしれません。

［参考文献］
* 1 ── 『Impact of smoking abstinence on working memory neurocircuitry in adolescent daily tobacco smokers』Jacobsen LK, Mencl WE, Constable RT et al Psychipharmacol in press　2007
* 2 ── 『卒煙外来』加治正行　小児科　46:188-196, 2005
* 3 ── 『飲酒・喫煙をしている』平岩幹男　小児科診療　70:11:1931-1934, 2007
* 4 ── 『触法少年におけるこころの問題と対策』定本ゆきこ　小児内科　38:60-62, 2006
* 5 ── 『少年非行等の概要』警察庁生活安全局少年課　2007

第12章

発達障害をめぐって

1. 発達障害とは

［1］表に出てこない障害

　発達障害という言葉を聞くと，発達の障害というのだから歩けない，話せないという問題だろうと考えがちです。確かにそれも一理ありますが，現在話題になっている発達障害（少し前までは軽度発達障害とも呼ばれていました）とは，2005年に施行された発達障害者支援法での第2条を意味するものです。

　「自閉症，アスペルガー症候群そのほかの広汎性発達障害，学習障害，注意欠陥多動性障害そのほかこれに類する脳機能の障害であってその症状が通常低年齢において発現するもの。」

　ですから私は，発達障害とは発達そのものの障害ではなく，「発達の途中で明らかになる行動やコミュニケーション，社会活動上の障害」と考えています。さらに発達障害では，いつも障害が表に出ているわけではなく，場面や状況によって障害が明らかになります。しかし，2006年に制定された障害者自立支援法での「知的」「運動」「精神」の障害は，場面にかかわらず常に「障害」を示すものです。すなわち，常に「障害」が表に出ているか出ていないかという点が大きな違いであり，それが発達障害のポイントでもあるのです。
　発達障害の場合には，社会生活の上では困難をともなうにもかかわらず，常に表に出ているものではないことから，障害者手帳の取得が

困難であるという問題も出てきています。発達障害を発達の偏りとする考え方もありますが、個人個人の中では発達そのものが常に偏りを抱えているので、私自身はその表現は使っていません。

なお、現在の一般的な表記は法律も含めて「障害」としており、障（さわる）という字に、害（がいする）という字です。戦前には「障害」の「障」は同じですが、がいは「碍」の字が使われていました。電線などを覆うための碍子（がいし）に用いられている「碍」です。「障害」は、何か問題のある障りがその人を害するという意味にとられますが、「障碍」では「碍」は覆うという字ですから、障りを何らかの形で覆う、カバーするというような表現になります。戦後、当用漢字を作ったときにこのような字をあてることになりました。現在でも、「害」の字をわざわざひらがなで「障がい」と書かれる方も、決して少なくはありません。私も「障碍」のほうが、発達障害の問題を考えるときには良いのかなと思うことがありますが、法律にも障害と書かれていますので、本書でも「障害」という表現を使います。

［２］精神遅滞をともなわない発達障害

本書では小中学校に通っている、あるいは通うことになっているはずの思春期の子どもたちの問題を対象としていますので、精神遅滞をともなわない発達障害についてお話します。

代表的な障害としてはADHD（注意欠陥・多動性障害, Attention Deficit Hyperactivity Disorder）、自閉症スペクトラム障害の中の高機能自閉症（高機能とは知的障害をともなわないという意味。アスペルガー症候群との違いについては後に触れます）、学習障害などがあり、そのほかに数は少ないですが、分類不能のコミュニケーション障害などもあります。以前、文部科学省が小学校でアンケート調査をしたところ、発達障害を抱える子ども

> **精神遅滞をともなわない発達障害**
> - ADHD (Attention Deficit/Hyperactivity disorder)
>   注意欠陥・多動性障害
> - ASD (Autistic spectrum disorder)
>   自閉性スペクトラム障害
>   →高機能自閉症
>   →アスペルガー症候群（障害）の診断の問題がある
> - 学習障害
> - そのほかのコミュニケーション障害
> - 子どもたちの4～6%を占めるという説も

たちは4～6%にも上る，という数字が出されました。しかし，これはあくまで推計であり，医学的な診断ではないので，実数をあらわしているということではありません。私が以前にある小学校で調査した結果では，発達障害あるいはその疑いがあり，何らかの支援が必要な子どもたちは，2～3%でした。

［3］発達障害の問題点

　発達障害の子どもたち（大人たちもそうです）との相談をしていて気になることは，セルフ・エスティーム（自己への評価）が低くなりやすいということです。セルフ・エスティームは自己への評価，自尊心，自尊感情，自己肯定感，自分への自信などさまざまな訳がありますが，要するに自分に自信をもつことができて，自分を失わないで生活ができるということです。本書では自己への評価という言葉をこれまで中心に使ってきました。発達障害に限らず，どの問題であっても，このセルフ・エスティームの障害が共通の問題になっており，その解決が対

> ## 発達障害
> - 共通→自己への評価(セルフ・エスティーム)の障害
> - ADHD→自己コントロールの障害
> - 高機能自閉症
>   →非言語的コミュニケーションの障害
> - 学習障害→特定の高次脳機能の障害
> - そのほかの発達障害→特殊な形もある
> - これらはしばしば合併する

応の面でも重要です。

　それぞれの障害の中心となる症状としては、ADHDでは自己コントロールの障害があり、高機能自閉症では非言語的コミュニケーションの障害があります。非言語的コミュニケーションとは、表情の意味を理解する、目をあわせる、場の雰囲気を理解するといった、言葉以外によるコミュニケーションの部分のことで、その障害が多くみられるということです。学習障害では、一般的には読み、書き、算数のいずれかの遅れで表現されますが、これらは特定の高次脳機能の障害があるのではないかと考えられてますし、そのほかに数は少ないですが特殊な形の発達障害もあります。

　これらの障害はそれぞれ独立しているわけではなく、しばしば合併します。ADHDと高機能自閉症が合併しているお子さんたちも少なくはありませんし、学習障害も合併している場合もあります。障害の説明としては、ADHD、高機能自閉症、学習障害は、それぞれ説明しますが、しばしば合併するということも頭に置いておく必要があります。ですから私はそれぞれの疾患としてではなく、全体を発達障害として考え、その中にいろいろな要素があると考えています。

［4］思春期にどのくらい診断されているか

　私以外の発達障害の診療をしている周囲の医師たちにも聞いて10歳の時点で発達障害のどのくらいの割合が診断されているかを考えてみました。たとえばADHDでは多動・衝動型では，おそらく70％以上が行動上の理由で診断されていると思いますが，不注意型だけの場合は，おそらく50％ぐらいしか診断されていないのではないか，多動・衝動型と不注意型と両方を併せもつ混合型では多動・衝動型の70％よりも多くが診断をされていると思われます。

　一方，高機能自閉症では，10歳時点での診断は50％以下であろうと思われます。大人になって初めて高機能自閉症と診断をされる方たちが，決して少なくないということもありますし，パニック障害，摂食障害，うつ病，不登校などの二次障害をきっかけに受診して，その背景として高機能自閉症と診断される方たちも少なくないと考えられます。学習障害の場合は，小学校低学年では読み，書き，算数のいずれかの1学年以上の遅れ，高学年以上では2学年以上の遅れで疑われることが多いために，多少成績が悪くて放置されている場合が少なくな

思春期にどのくらい診断されている？

10歳の時点を例にとってみると
- 多動・衝動型のADHDでは,70％以上
  →混合型ではそれ以上
- 不注意型のADHDでは,おそらく50％
- 高機能自閉症では,50％以下
  →しばしば二次障害を契機に診断される
- 学習障害では,50％前後

いので，50％前後ではないかと思います。なお，私が5歳児健診をおこなった結果では，健診での発見率はADHDも高機能自閉症も1％あまりでした。

　発達障害の本人への診断告知という問題にはさまざまな議論がありますが，私の場合は告知することによって自己への評価の低下が防げるのであれば，または上昇につながるのであれば，告知するのが基本的な姿勢です。ですから何歳になったらとは決めていませんが，自分と他人との違いが気になり始める中学生の時期に告知することが多くなっています。

［5］発達障害の最終目標

　私は，発達障害の子どもたちの最終目標には，大きく二つあると考えています。一つ目は先ほどもお話しましたセルフ・エスティーム，自己への評価の問題です。これをもう少し詳しく言えば，自信を失わないように育てるということ，周囲が子どもたちを嫌いにならないということ，それからたとえば10歳の時点で，今できないことに対して

発達障害の最終目標

- 自信をもって暮らせるようになり，セルフ・エスティームが高くなるように育てる
- 社会で生きていけるように育てる
  →社会生活習慣を身につける
  →自分で稼げるようにしよう
- すべての治療はこのためにある
- 発達障害だけではなくすべての子のために

怒るのではなくて、いつかできればよいとあせらないことが大切です。もっとも大切なことは叱って育てるのではなく、ほめて育てることです。それがないとセルフ・エスティームは上昇しません。

　二つ目は社会で生きていけるように育てるということです。これは社会生活習慣を身につけるということでもありますし、自分で稼いで生活ができるようにするということでもあります。もう少し細かく言えば、生活習慣がきちんと身につき、一人で町を歩くことができ、生活していけるということです。発達障害に対するあらゆる治療や対応は、結局この二つのためにあると考えていますが、よくよく考えてみるとこの二つは、発達障害だけではなくて、すべてのお子さんにとっても必要なことです。

　また支援や対応の前提として理解すること、少なくとも理解しようとすることが大切です。わが国では、何かの障害があるというとすぐ支援という言葉が出てきます。発達障害者支援法、障害者自立支援法、特別支援教育などがそうです。発達障害を抱えていれば、何らかの配慮や支援を必要としてはいますが、実際に何に困っているかが把握できなければ、何を支援すればよいかがわかりません。もちろん必要なこととそうでないことを見極めることも大切ですし、子どもの行動には必ず理由があることも知っておく必要があります。行動の理由を見極めることが対応につながります。

　基本的には、一緒に汗をかきながら理解し、どうすればいいかを考えていく、一緒に悩んでいくということになると思います。ですから、理解しようとする努力なしに支援をするということには、無理があると思っています。

2. 発達障害が抱えるさまざまな問題

[1] ADHD
●──ADHDとは

　ADHD（Attention deficit/hyperactivity disorder：注意欠陥・多動性障害）という診断が広く知られるようになってから，実はまだ20年くらいしかたっていません。以前は微細脳損傷，多動症候群，注意欠陥障害などと呼ばれていました。不注意（忘れものをする，集中できない，途中で作業を投げ出すなど）の症状と多動・衝動（じっとしていられない，話などにすぐに割り込む，順番が守れない，など）の症状によって診断されます。不注意，多動・衝動，それぞれに9つの症状があげられており，不注意の症状が9つのうち6個以上あれば不注意型，多動・衝動の症状が6個以上あれば多動・衝動型，両方6個以上あれば混合型と診断されます。

ADHDは…

- あくまで「行動の問題」
- 精神発達や運動発達の大きな遅れはない
- 男子に多く，小学校の1～3％？
- 適切に扱うことが大切
- 適切に扱われないと2次的な症状が出る
　→学業不振
　→社会的孤立
　→行為障害

報告によって差がありますが，男子に4～8倍多いとされています。大人の場合には，多動が消失している場合が多いことからADD（Attention deficit disorder）と呼ばれる場合もありますが，実際には多動が続いていることもあります。わが国ではADHDと診断されると薬物療法が開始されることが多くなっています。もっとも多く使用されているのはメチルフェニデートです。商品名ではリタリンが使われる場合が多かったのですが，乱用の問題から使用ができなくなり，2008年からは同じメチルフェニデートですが，ゆっくりと吸収される商品名：コンサータが登録された医師・薬剤師によって使えるようになりました。

　私は薬物療法よりもまずセルフ・エスティームを上昇させるためにどうすればよいか，そのためにどうやって自信をつけさせるか，社会生活訓練（SST）などの対応策をどうするかを先に考えます。

　ADHDに合併する二次障害にはいろいろなものがありますが，家族や周囲へ反抗的な言動を繰り返す反抗・挑戦性障害が代表的で，さらに，ものを壊したり，法律で禁止されていることをしたり，他人の基本的人権を侵害したりするなどの行為障害へと移行する場合もあります。

　したがって，大切なのは，反抗・挑戦性障害に移行するのをどうやって防ぐかということです。6歳ですでに移行している子もいますが，多くは10歳から12歳ぐらいで移行します。反抗・挑戦性障害に移行する子どもたちは，セルフ・エスティームが低くなっている場合が多いので，それを上げておくことが反抗・挑戦性障害への移行を防ぐということにつながります。反抗・挑戦性障害になっているにもかかわらずセルフ・エスティームの高い子どもというのは見たことがありません。

　ADHDには，自分をコントロールする「自己コントロールの障害」

があります。自分の世界に入っているときには，外からの刺激を遮断しますので集中できますが，周囲の状況にあわせて自分をうまくコントロールすることが上手ではありませんから，しばしばわがままではないかと言われてしまいます。さらに，外から入ってくる刺激を選択的に取り入れることが困難であるため，たとえば窓の外を鳥が飛んでいてもふつうは気にも留めないことが多いのですが，ADHDの子どもの場合には「気にも留めない」という選択がうまくいきません。外からの刺激に対して，必要かそうでないかを選択することなく敏感に反応してしまうために行動上の問題を抱えやすくなるわけです。

たとえばADHDの子どもたちでは，朝の8時半に学校が始まってから4時ぐらいまで，ずっと動いていることがあります。ものすごいパワーで，凡人には真似できません。授業中に動き回っているから障害ということになりますが，動き回るパワーが生きる職業につき，それをいかすことができれば，逆にほかの人にはできないパワフルさですから，当然才能ということになります。

◉──ADHDの子の将来

ADHDの子は，将来はどうなるのかをよく聞かれます。動き回ったり，気分を変えたりすることが得意で，じっとしていることはどちらかといえば苦手なことが多いようなので，向いている職業としてはセールスマンとか，営業担当，電話勧誘，マスコミ関係，窓口，案内係などいろいろあります。セールスマンでは大成功を収めて高収入を上げている方もいます。比較的向いていない職業としては，じっくり取り組む技術や設計関係，ものを書く仕事，教師などから警察官，音楽家，プログラマーなどがあげられています。音楽家は，クラシックの音楽家を対象としていますので，Jポップの音楽家の方には，ADHDという診断を受けている方も実際にはおられます。

［2］高機能自閉症
●──高機能自閉症とは

　高機能自閉症あるいはアスペルガー症候群という言葉が一般に知られるようになってから，まだ10年ほどしかたっていません。以前は自閉症といえば知的障害を合併することが当たり前のように思われていましたが，知的に障害のない自閉症が少なからず存在することがわかってきました。アスペルガー症候群は1940年にハンス・アスペルガーが初めて報告し，長い間忘れられていましたが，1980年代に入ってから注目されるようになりました。

　診断基準としては国際疾病分類（ICD）やアメリカの精神医学協会によるものが多く用いられています。診断基準によって判定が異なることや，アメリカの基準では一般的にはアスペルガー症候群と考えられるにもかかわらず，診断上は分類不能となることが多いことも問題となってきました。

　一方，1980年代の終わり頃からイギリスのローナ・ウィングたちが知的障害のあるなしにかかわらず，自閉症は全体として社会性，コミュニケーション，想像力の三つの障害を抱える連続体だという考え方を

高機能自閉症の頻度と診断

- ADHDよりは少なく小中学生の0.2－0.6％程度の頻度？実際は多分，もっと多い
- ADHDとの合併が少なくない
- 高機能自閉症はそのほとんどが成人まで症状が持続する
- 高機能自閉症は，その長所を生かせば十分社会の中でやっていける

紹介しました。最近ではこの考え方が強くなり，私も高機能自閉症（知的障害のない自閉症）という表現を使っています。

　高機能自閉症でのもっとも大きな問題は，「非言語的コミュニケーションの障害」であると考えています。コミュニケーションは言語的な部分と，身振り，手振り，表情を理解する，相手の目を見るなどの非言語的コミュニケーションに分かれますが，高機能自閉症の場合，後者の問題が行動上の困難に直結します。言葉発達の遅れは通常ありませんが，言葉理解ができるということと会話が上手にできるということは別です。たとえば相手の目を見て話す，表情から相手の気もちを読み取るなどが苦手なので高機能自閉症の子どもたちは言葉の理解があるにもかかわらず，抑揚のないしゃべり方なども含めて会話は苦手であることが少なくありません。想像力の障害にも関連しますが，比喩や冗談を理解することが苦手で，本気にしてしまって問題を起こしたり，いじめにつながったりする場合もあります。運動面の不器用さもしばしば見られます。

　一般的に自閉症は男子のほうが2〜3倍多いとされていますが，私の経験では高機能自閉症ではそれほどの差はないように感じています。頻度は小中学生の場合，0.2から0.6％くらいではないかといわれています。しかし，行動上の問題が明らかにならない場合には，知的に障害がないので困難を隠したり我慢したりしてしまって時間が経過するために診断が遅れやすくなり，実際にはもっと多いのではないかと感じています。中学生以降に診断された方に聞いてみると，小学校入学の頃からさまざまな困難を抱えていたことが明らかになることが多く，もっと早い診断や対応があればと感じました。

　ADHDにおけるメチルフェニデートのように，治療において多く使われる薬剤はありませんので，行動療法や社会生活訓練（SST），対人

関係のトレーニング，カウンセリングが中心になります。医療的な介入が継続しにくいこともあって，しばしば診断だけを受けてその後の対応が指示されない場合があることが大きな問題です。

　高機能自閉症では，ほとんどが成人しても症状が持続しますが，精神遅滞はありませんので，その長所を活かせば十分社会の中で生活していけます。興味のあることに対する集中力はすばらしく，とても凡人には真似できません。しかし，小中学生ではマンガやビデオ，新幹線の車内放送の記憶など，集中力は社会的にあまり必要とされないことで発揮されていることが多いようです。そういう何かに集中する力が授業中に授業以外のことに発揮されれば，授業を聞いていませんから質問してもわかりません。当然障害ということになりますが，これが社会的に役に立つもの，お金を稼ぐものに集中するとなれば，これはまた才能ということになります。

　高機能自閉症の合併症として，てんかんの合併が25％ぐらいと考えられていましたが，実際に思春期，あるいは成人の高機能自閉症の方たちの脳波を検査してみた結果からは10％以下であると思われます。

　不登校，ひきこもりは高機能自閉症にはしばしば合併します。高機能自閉症があることがわからずに対応していると，長期化する傾向があります。ひきこもりでは高機能自閉症と診断されないまま17年間ひきこもっていた方を拝見したことがあります。

　パニック障害は成人ではかなり多く，ひきこもりも合併します。思春期にはそれほど多くはありません。現在ではSSRIなどの向精神薬を使われることが多いようですが，私の経験上は薬物療法だけはなく，ていねいに話を聞くことや行動療法が必要になります。

　高機能自閉症が背景にあるうつ病では，通常のうつ病よりもセルフ・エスティームの低下をともなっている場合が多く，治療が長引きやす

いような印象があります。治療はパニック障害同様，薬物療法に加えて行動療法もおこないます。

● ── 高機能自閉症の子の将来

　高機能自閉症の将来については，コミュニケーション能力は低くとも，一般的には正直でまじめで率直で正義感が強いという長所がありますので，そういう長所を生かすことになります。向いている職業としては，技術者，音楽家，芸術家，囲碁や将棋の棋士，コンピューター関連，大学などの専門性の高い教師，警察官，なぜかよくわかっていませんが，介護とか動物関連などがあげられます。

　一方，訪問販売を主とする営業マン，店員，あるいは窓口業務が主な公務員や銀行員などの職業は，比較的向いていないのではないかといわれています。ADHDとはまるで逆のようですが，先ほどもお話ししましたようにADHDを合併している場合もありますので，その場合には本人の特性を十分に考えて将来目標を立てることになります。

［3］学習障害

　学習障害（Learning disorder : LD）とは，精神遅滞はないのに学習課題に困難があることで，学業不振が問題になります。一般的には読字障害（字を読む障害），算数の障害，書字障害（字を書く障害）があり，複合する場合もあります。読み，書き，算数の障害は国際的な基準がありますが，日本語は複雑な言語であるため，漢字だけ，カタカナだけが読めない，書けない，図形が認識できないなどの特殊型もあります。

　一般的に学校では，小学校低学年では読み，書き，算数の，どれか一つが1学年以上の遅れ，高学年以上では，どれか一つが2学年以上の遅れということで疑われています。しかし，これでは早期発見・早期対応にはつながりません。学習の遅れが明らかになる前に対応する

ことが求められているのです。ADHDや高機能自閉症に合併していることもしばしばあります。

[4] 不登校の問題

　ADHDでは，いじめや学業不振に陥った結果，不登校になることが多いですし，高機能自閉症ではいじめられたり，孤立をしたり，場の雰囲気が読めないために友だちがいなくなったりすることがあり，そのために不登校に陥ってしまうことがあります。学習障害の場合には，学業不振から友人関係にまでひびが入って，不登校になることがあります。

　対応としては，まず学校生活において何が問題なのかを具体的に明らかにすることです。家庭生活の問題や反抗・挑戦性障害や強迫性障害などの二次障害による問題が関与することもありますので，子どもを含めて十分に話をすることになります。学校生活上に問題があれば，学校との話しあいをもち，学校側に発達障害やその子の置かれている状況についての共通認識をもっていただくことが必要になります。現状を見ると，発達障害が必ずしも正しく認識されているとは限りませ

不登校をめぐる問題：現状

- ADHDでは「いじめ」「学業不振」
- 高機能自閉症では「いじめ」「孤立」
- 学習障害では「学業不振」
- 不登校になる率は高く，高機能自閉症ではとくに「ひきこもり」につながりやすい
- 不登校から診断がつくこともある

ん。

　発達障害を抱える子どもたちは，みんなと同じようにできないということで責められることが多くなり，本人たちもそれを苦にするものです。しかし，みんなにはできなくても自分にはできることというのが必ずあることを強調し，セルフ・エスティームを低下させないことも必要です。

　不登校に対する一般的な対応は第3章を参照してください。

[5] いじめをめぐる問題

　いじめの相談を受けていると，発達障害が背景に存在することが明らかになることもあります。

　ADHDの場合には，すぐちょっかいを出したり，叩いたりなどの衝動的な行動から周囲を敵に回したり，逆に調子に乗っていじめに参加してしまうということもあります。いじめの問題はADHDでは被害者，

いじめをめぐる問題

- ADHDでは衝動的な行動が周囲を敵に回す
  →調子に乗っていじめに参加する場合もある
- 高機能自閉症では「場」が読めないので孤立し，いじめにつながりやすい
- 「いじめ」は隠れておこなわれることが多い
- とくにADHDでは「ふざけ」，高機能自閉症では「からかい」と認識されやすい
- セルフ・エスティームの点からも対応が必要
- 問題点に対するsocial skills trainingも必要
- 保護者を交えて対応を考える。場合によっては医療からの助言も必要

加害者ともしばしばみられます。ADHDでは衝動性がありますので，実際にはいじめでも教師から見ればお互いに「ふざけあっている」とみなされ，お互いさまという認識をもたれることが多いです。
　高機能自閉症では場の雰囲気が読めないので，突拍子もないことを言ってみたり，場にあわないことを言ってみたりやってみたりするということもあって，友人関係がうまくいかなくて孤立しやすいため，いじめにつながりやすくなります。時にはいじめられていても自分が悪いのではないかなどといじめと感じていないこともあります。その反面，場や状況の把握が十分ではないため，加害者になると手心を加えることができずに相手を傷つけるという場合もあります。大人になった高機能自閉症の方たちの話をお聞きすると，思春期を中心としていじめを受けたことが，大人になってもトラウマになっていることも多く，いじめの問題は軽視できません。高機能自閉症では，いじめられていても学校では「からかっている」だけだと誤解されやすいという問題があります。そのために解決までに非常に長い時間がかかったり，あるいは解決に至らなかったりするということがしばしばあります。
　学習障害では勉強ができないということで，みんなにバカにされたり，いじめられたりするということが多くなります。
　いじめは「してはいけないこと」ですし，いじめられている子どものセルフ・エスティームが上がることはありませんので対応が必要です。発達障害の場合に注意しておかなければならないことは，いじめられている現状を何とかすることは当然ですが，いじめの原因になる行動やコミュニケーションの問題に対してSSTや行動療法を適切におこなう必要があるということです。その行動やコミュニケーションの問題が原因であるから，いじめは「しかたがない」というすり替えは決して許されません。保護者や学校を交えて，みんなで対応を考える

ことが必要ですし，場合によっては医療の立場からの助言もおこなっています。

[6] 性の問題

　ADHDの場合では，反抗・挑戦性障害から行為障害にまで移行すると，自分の興味や性的衝動が抑えられないために性的非行はかなりの頻度で起きます。それ以外ではあまり深刻な問題はありませんが，一般的には男子の場合，女性に興味をもってしばしば近づきますがしばしば振られています。デートの約束をしていて時間を忘れる，遅れる，デートの最中にほかの女性に興味をもってしまい振られた，など実際に子どもたちから聞きました。ADHDの場合には，チャンスはたくさんつくっても，なかなか持続しないということがあるようです。

　高機能自閉症の場合には，新聞などでは性的なこだわりがみられやすいようにしばしば報道されますが，実際には積極的な行動をともなわない情緒的な思春期が長いという傾向があります。中学生にもなれば，男の子であれば女の子の手を握りたいとかキスしたいとか，そういう具体的な性行動に対する欲求が出てきますが，高機能自閉症の場合には，ほんのりした恋心を抱いているだけで，青年期に入ってからようやく具体的な欲求が出てくるということが少なくありません。それからITには強いことが多いのでメールは得意ですが，場が読めないので会って話そうとすると，相手の目は見ないし，表情は読み取れないし，相手が怒っても笑っても，その辺の理解ができなかったりするので，そこで振られてしまうことがあるようです。またデートの計画は綿密に立てますが，立ててしまうとそれに満足して実際には行動しないためにうまくいかない場合もあります。実際には社会生活上問題となるような性的なこだわりがみられることは多くはありませんが，

それがみられる場合には十分に時間をかけて本人が理解するまで対応することが必要になります。

［7］才能を見つけよう

これまであげてきたように，発達障害を抱えている子どもたちの思春期にも，さまざまな問題が起きてきます。発達障害を抱えている子どもたちには，ほかの人にはできるのに，彼ら，彼女にはできない「障害」と受け取られる部分もありますが，逆にほかの人たちにはまねのできない「才能」が隠れています。将来役に立つこと，将来の生活を支えるもの，そうしたことにつながる才能をどうやって見つけるのかが，実は思春期の一番大きな課題かもしれません。

自信を失ってさえいなければ，子どもたちはいろいろなことに挑戦します。挑戦していく中で，何かが見つかることが多いようですし，そのためには何よりセルフ・エスティームを低下させないことが大切です。とにかく家庭も学校も，そして私たちも理解しようとしながら一緒に汗をかいていくこと，その流れの中で共通認識をもって未来につなげることになります。

［参考文献］
＊1──『みんなに知ってもらいたい発達障害』平岩幹男　診断と治療社　2007
＊2──『ADHD，LD，HFPDD，軽度MR児 保健指導マニュアル』小枝達也［編］診断と治療社　2003
＊3──『自閉症のすべてがわかる本』佐々木正美［監修］講談社．2006
＊4──『自閉症スペクトル』ローナ・ウイング［著］久保紘章　佐々木正美　清水康夫［監訳］東京書籍　2006
＊5──『ソーシャルスキルトレーニング』小貫悟，名越斉子，三和彩　日本文化科学社　2004
＊6──『ADHDのペアレントトレーニング』シンシア・ウィッタム［著］上林靖子ほか［訳］明石書店　2004

第13章

一陽来復

● ──**一陽来復**（いちようらいふく）

　今では一陽来復と言えば冬至のことを指すことが多く，冬至には一陽来復のお守りを出すところもあります。西では京都の車折神社，東では東京の穴八幡が有名ですが，もともとは中国の古典，易経に出てくる言葉で，易の世界では昼間がだんだん短くなって陰の気が集まる（易の卦では☷）のが冬至であり，冬至になれば春に向かって陽の気が始まる（易の卦では☳）ということです。転じて禍の中から福が出てくる，芽が出てくる，お金が儲かるようになるということでお守りが出されているようです。山形には，この名前の日本酒もあります。

　思春期にこころや行動の問題を抱えて相談の場に来る子どもたちや保護者の多くは，明るい表情ではなく，悩んだり思いつめたりしています。話を聞いたり，一緒に時間を過ごしたりする中から光が見えてくることもあります。嫌なことや困ったこと，悩み事などいわば陰の気が集まった状態で来られ，少し光（陽の気）が見え始めたときには，私もほっとします。いわば一陽来復で，一陽来復は思春期のこころや行動の問題の相談では最初の小さな目標です。もちろん光が見え始めればその光が大きくなるように努力すればよいわけですが，途中でまた消えてしまうこともあり，気が抜けません。

● ──**子どものことを理解しているつもり**

　はじめにもお話しましたが，親子関係は年齢とともに少しずつ変わります。母親が30歳で子どもが5歳のときと，母親が40歳で子どもが15歳のときの親子関係は少し違います。思春期になれば自我の芽生えもありますし，こころの揺れ，自分だけの秘密も出てきます。

　たとえば母親にとって，小さい時からずっと「理解していたつもり」の子どもが，思春期に入ってから何らかの問題に直面すると「どうして」「うちの子に限って」という戸惑いが出てきます。子どものことは良く

知っているし，いつでも味方になるし，いつでも代弁できると思っていたのに，なぜかうまくいかなくなる時があります。

　大人の部分が芽生えている思春期の子どもを「完全に理解する」ことは無理ですが，「理解しようとする」姿勢は大切だと考えています。その姿勢があるかないかは，子どもの問題を解決するときに大きな影響を与えます。しかし，「理解しているつもり」だけでは解決は遠くなります。子どもには学校などの社会生活もありますが，生活基盤は家庭です。そこが安心できる場所であるためにも，「理解しようとする努力」は欠かすことができません。

　図13-1は，私のおこなった調査の中で家に帰ったときにどう感じるかを聞いてみました。男女とも年齢とともに「ほっとする」という回答が少しずつ減ってきます。もちろん過半数はほっとすると答えているわけですが，「帰りたくない」＋「落ち着かない」という回答も男女とも各年齢で10％前後あります。家に帰ったときにそこが「ほっとする」場所であるためには，精神的に「安心できる」「受け入れてもらえる」ことが大切です。子どもを「理解しようとする」ことは，その意味からも重要な姿勢だと考えています。

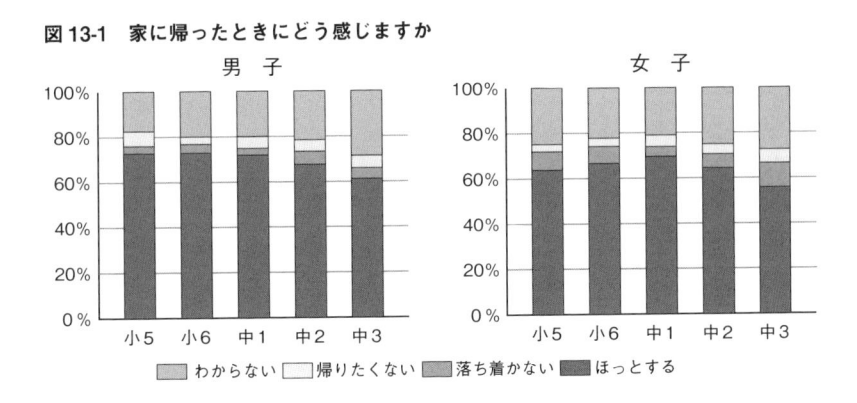

図13-1　家に帰ったときにどう感じますか

●──そんなの自由でしょと言われたとき

　保護者の方から、「子どもに注意をしても、『そんなの私の自由でしょ』『うざい』と言われた時にはどう対応すればよいでしょうか」という質問をいただくことがあります。そう言われるのが嫌だから、子どもの自由にさせよう、放任しよう、とは誰も考えてはいないでしょう。

　「そんなの自由でしょ」と子どもが言うときには、多くの場合「どうせわかってくれない」「どうせ話も聞いてもらえない」という感覚が背後にあります。先にお話した「理解しようとする」姿勢が、子どもに理解されていれば、この言葉が出てくる可能性は低くなります。

　子どもは親のコピーではありません。次の時代を生きていくために親とは違った価値観や感覚を身につけようとしています。忙しいから、面倒くさいからではなく、まず話をさえぎらずに聞きましょう。もちろん、思春期の子どもが社会に対してもっている価値観や感覚は、これから社会を生き抜いていくために十分なものではありません。それを押し付けによって変えるのではなく、話をする中で少しずつ修正していくということでしょうか。子どももしばしばゆとりがなくなっていますから、いつでも話ができるわけではありません。何かを一緒にしているとき、一緒に遊んでいるとき、食事を一緒にしているとき、チャンスはいくらでもあります。言ってみれば、テレビを見ながらの食事、子ども一人だけの食事は、その絶好のチャンスをつぶしてしまっています。

　親も子どもも、誰しも自由気ままに生きられるわけではありません。最初から自由ではなく、お互いの精神的な居場所がわかり、尊重することによって自由は広がっていきます。ですから「そんなの私の自由でしょ」と言われることは、自由を広げて確保するための努力をお互いにしてこなかったことの裏返しなのです。

たとえば，英語では直訳すると重い表現を軽い意味で使うことがよくあります。「I hate you!」と言われた場合，「私はあなたを憎む！」というよりも日常会話の中では「嫌なやつ！」「嫌な感じ！」という程度の意味ですし，「great!」も「偉大だ！」ではなく「やったね！」「すごいな！」という程度です。思春期の子どもたちがしばしば使う強い表現，たとえば「うざい」もこの程度だと感じたほうが良いように思っています。日本語も英語化しているのでしょうか。

　人生80年の時代に，わずか数年の思春期は決して長くはありません。その時期に「すべてがうまくいく」ことはないでしょうが，「理解しようとする」努力によって，少しでも「うまくいく」ことが増えればよいと願っています。

　目標をもっており，それをめざしたけれどもうまくいかなかった子どもを励ますことは比較的簡単です。それは，もう一度目標をもつように働きかければよいからです。しかし実際には目標をもつことすらできず，楽しくない日々を送っている子どもたちも少なくありません。そうした子どもたちは，いったん問題を抱えると，立ち直るまでに長い時間がかかります。子どもたちみんなが，目標をもてるようになれればと，こころから願っています。

おわりに

　これまでに30年あまり，子どもたちを対象として相談や診療をおこなってきたこと，また数回にわたって子どもたちの生活状況の調査をさせていただいたことなどを，一冊の本にまとめました。
　この本で，お話できなかったこともたくさんあります。思春期の児童虐待の問題や朝トイレから出られなくなって，不登校にもつながりやすい過敏性腸炎，キレる子どもたちの問題などについては，いずれ機会があればまとめたいと考えています。

　出版にあたっては，大修館書店の高山真紀さんをはじめとして，多くの方々にお世話になりました。もっともお世話になったのは，相談や診療を通じて，多くのことを私に教えてくれた，多くの思春期の子どもたちだと思っています。医師という立場だけではなく，一緒に考えたり，悩んだりするサポーターの立場も意識して活動してきました。

　本来は楽しいはずの思春期の時期に，悩んだり傷ついたりしている，すべての子どもたちに「一陽来復」の日が来ることを願って話を終わりたいと思います。

2008年5月　平　岩　幹　男

平岩幹男（ひらいわ　みきお）
1951年戸畑市（現，北九州市）生まれ。東京大学医学部卒業。医学博士。
帝京大学小児科講師，戸田市立健康管理センター母子保健課長，戸田市立医療保健センター（改称）参事を経て，現在戸田市立医療センター相談役，およびoffice21kitatoda代表。
小児科専門医，小児神経専門医，子どもの心相談医，東京大学大学院医学系研究科非常勤講師，日本小児保健協会理事。

主著に『乳幼児健診ハンドブック』（診断と治療社）2006年，『みんなに知ってもらいたい発達障害』（診断と治療社）2007年，『幼稚園・保育園での発達障害の考え方と対応』（少年写真新聞社）2008年，など多数。
連絡先：office21kitatoda@yahoo.co.jp
ホームページ：http://office21.life.coocan.jp/

いまどきの思春期問題──子どものこころと行動を理解する
©Mikio Hiraiwa, 2008
NDC374　viii,198p　21cm

初版第1刷発行──2008年7月10日

著　者────────平岩幹男
発行者────────鈴木一行
発行所────────株式会社大修館書店
　　　　　〒101-8466 東京都千代田区神田錦町3-24
　　　　　電話 03-3295-6231（販売部）　03-3294-2359（編集部）
　　　　　振替 00190-7-40504
　　　　　［出版情報］http://www.taishukan.co.jp

装丁・本文デザイン────下川雅敏
イラスト──────────クリヤ セイジ
印刷所──────────図書印刷
製本所──────────図書印刷

ISBN978-4-469-26667-2　Printed in Japan
R本書の全部または一部を無断で複写複製（コピー）することは，著作権法上での例外を除き禁じられています。

最新Q&A 教師のための救急百科

衞藤 隆＋田中哲郎＋横田俊一郎＋渡辺 博［編集］

いざというとき頼れる相談役！

救急法の知識や技術、事故や急病の手当・予防、保健指導も含め、学校現場において直面する健康や安全に関する問題への具体的な対処法を現代の医療や教育を担う第一線の著者がQ＆A方式でわかりやすく解説。

●A5判・480頁 **定価3,990円**（本体3,800円）

養護教諭のための 特別支援教育ハンドブック

飯野順子／岡田加奈子 編著

特別なニーズのある子どもを支援する

児童生徒一人ひとりの教育的ニーズに応えて支援を行う "特別支援教育" への転換期にあって、養護教諭がどのような役割を果たすべきなのかを項目ごとに解説。LD・ADHD・高機能自閉症などの児童生徒たちの特別なニーズにどう応えるかも網羅。

●B5判・272頁 **定価2,520円**（本体2,400円）

大修館書店　　書店にない場合やお急ぎの方は、直接ご注文ください。電話03-3934-5131

定価＝本体＋税5％（2008年7月現在）